마케터의
브랜드 탐색법

마케터의
브랜드 탐색법

일상을 레퍼런스로 만드는

마케터의 기술

이상훈(스투시) 지음

In

프롤로그

나는 꽤 오랫동안 직업인으로서 마케터로, 생활자로서는 호기심이 많은 일상의 관찰자로 언제나 좋은 인사이트를 발견할 수 있는 브랜드의 이야기들을 찾고, 수집해 왔다. 그리고 정확한 시점은 잘 기억이 나지 않지만 오래전부터 '스투시'라는 필명을 통해 블로그, 인스타그램, 브런치 등 다양한 채널에서 브랜드의 마케팅, 광고 사례를 소개하고 분석하는 콘텐츠로 많은 분들과 소통해 왔다.

그렇게 10년이 훨씬 넘는 시간 동안 꾸준히 많은 브랜드의 자료들을 수집하며 브랜드에 관한 이야기를 나누다 보니, 어느덧 스투시라는 닉네임도 많이 알려지고 내가 운영하는 여러 채널들이 좋은 영감과 새로운 아이디어를 찾는 광고, 마케팅 업계의 현직 기획자나 마케터가 꼭 구독해야 하는 필수 채널로 많이 소개되는 감사한 일도 생겼다.

그동안 여러 인터뷰나 매체를 통해 "어떻게 이렇게 많은 브랜드 사례와 레퍼런스를 조사하고, 그 안에 숨겨진 인사이트를 발견할 수 있었냐"는 질문을 많이 받았다. 사실 특별한 비결이 있다기보다는 지금까지 새로운 발견을 찾을 수 있는 많은 브랜드와 관련 자료들을 수집하면서 언제나 나만의 관점으로 분석을 하고 인사이트를 찾고자 노력해온 게 중요했던 것 같다.

다양한 분야의 브랜드 사례들을 수집하고, 분석하며, 인사이트를 발견해 나가는 이러한 일련의 과정을 하나의 단어로 압축해 표현한다면 나는 '탐색'이라고 말하고 싶다. 브랜드의 마케터로서 또 클라이언트의 브랜드 마케팅 업무를 대행하는 디지털 에이전시의 마케터로서 나에게 '탐색'이란 늘 새로운 아이디어를 찾기 위해 하루에도 수없이 반복하게 되는 활동이었다. 오랜 시간 나만의 관점으로 브랜드나 레퍼런스를 탐색하기 위한 방법을 찾기 위해 노력하고, 또 그러한 과정들을 채널에 꾸준히 기록하며 소개하다 보니 많은 분들이 스투시의 채널 구독자가 되어 주셨고 브랜드를 탐색하는 나의 이야기에 주목해 주셨다고 생각한다.

그래서 이 책을 통해 그동안 내가 어떻게 브랜드를 탐색하고 인사이트를 발견해 왔는지, 마케터의 관점에서 바라본 브랜드 탐색의 방법을 공유하고자 한다. 이 책은 총 4장으로 구성되어 있다. 1장에서는 차별화된 브랜딩 전략으로 확고한 존재감을 갖게 된 9개 브랜드의 브랜딩 전략을 탐색해 본다. 나이키, 이케아, 넷플릭스 등 우리 주위에서 쉽게 찾아볼 수 있으면서 오랜 시간 사랑받아 온 브랜드들의 전략을 깊이 있게 살펴볼 수 있을 것이다.

2장에서는 사람들에게 선택 받는 브랜드가 되는 10가지 전략을 탐색해 본다. 책에서 소개한 10가지 전략을 효과적으로 활용하고 있는 다양한 브랜드의 마케팅 사례를 통해 보다 폭넓은 마케터의 시야를 가질 수 있을 것이다.

3장에서는 스스로 새로운 관점을 가질 수 있도록 기존의 레퍼런스를 새롭게 정의해 보고, 자신만의 관점을 만드는 9가지 레퍼런스 탐색법을 제안한다. 또한 마케터로서 일상에서 브랜드를 직접 경험하며 얻었던 영감을 소개하고, 생각을 바꾸고 행동할 수 있는 계기를 만들어 준 마케터의 인생 광고 카피들도 소개한다.

그리고 마지막 4장에서는 일상에서 탐색의 감각을 키울 수 있는 6가지 관점의 생활법을 제안한다.

이 책에서 소개하는 다양한 브랜드와 레퍼런스 탐색의 방법들이 자신만의 관점으로 브랜드를 바라보고 일상에서 새로운 시각을 얻고자 하는 많은 분들에게 좋은 영감을 줄 수 있다면 좋겠다. 또한 책에 실린 다양한 브랜드의 전략을 살펴보는 과정이 기획자, 마케터로서 발상의 전환을 경험하며 새로운 아이디어를 떠올리는 좋은 계기가 될 수도 있을 것 같다.

마케터 스투시가 전하는 브랜드 탐색법을 통해 책을 읽는 모든 분들이 자신만의 관점과 탐색법을 찾을 수 있기를, 그래서 이 책의 부제가 여러분 각자의 이름을 딴 〈________의 브랜드 탐색법〉이 될 수 있기를 바란다.

목차

2장 마케터의 전략 탐색법

선택 받는 브랜드가 되는 10가지 마케팅 전략

3장 마케터의 레퍼런스 탐색법

1. 마케터에게 레퍼런스란

2. 일상에서 만나는 브랜드에서 배우다

마케터의 브랜드 탐색법

확고한 존재감을 가진
9개 브랜드의 브랜딩 전략

1

다양한 비즈니스 영역에서 많은 브랜드들이 치열한 경쟁을 벌이고 있다. 하루에도 수많은 신규 브랜드가 등장하여 새로운 시장에 도전하는가 하면, 시장에서 살아남지 못한 브랜드는 사라지기도 한다. 그런데 이렇게 브랜드가 넘쳐나는 시대에도 외부의 시장 환경이나 경쟁자의 전략에 크게 흔들리지 않는 일관된 방향성을 기반으로 확고한 정체성을 구축하며 오랜 시간 고객들의 선택을 받는 브랜드들이 있다.

마케터로서 지금까지 수많은 브랜드를 탐색하면서 나는 차별화된 브랜딩 전략으로 다른 브랜드가 쉽게 따라 할 수 없는 확고한 존재감을 갖게 된 9개 브랜드에 주목했다. 나이키에서 이케아까지 '확실하게 다른' 정체성을 갖고 있는 9개 브랜드의 브랜딩 전략은 어떻게 다른지 그리고 어떤 관점에서 주목해야 하는지 탐색의 과정을 소개한다.

나이키는 어떻게 Just Do It 세계관을 구축했나?

나이키라서 가능한,
Just Do It 세계관에 관하여

신념을 가져라.

그것이 모든 것을 희생한다 할지라도.

Believe in something.

Even if it means sacrificing everything.

어떤 브랜드의 캠페인이나 마케팅이 다른 브랜드 혹은 에이전시의 기획자, 마케터의 레퍼런스로 자주 언급이 된다는 것은 그만큼 그 브랜드가 고객을 사로잡는 남다른 전략을 갖고 있다는 것을 의미한다. 마케터로서 다양한 자료들을 탐색하다 보면, 많은 사람들의 주목을 받지만 남들이 결코 쉽게 따라 할 수 없는 남다른 존재감, 즉 '자기다움'을 지닌 브랜드를 만날 수 있다.

"신체가 있는 사람이라면 누구나 운동선수다(If you have a body, you are an athlete)."라는 캐치프레이즈를 표방하는 글로벌 스포츠 브랜드 나이키는 스포츠와 일상을 넘나들며 'Just Do It(저스트 두 잇)' 캠페인을 통해 강력한 자기다움을 만든 브랜드다. 나이키는 어떻게 이렇게 오랜 시간에 걸쳐 쉽게 따라 할 수 없는 세계관을 구축하고, 누구도 대체할 수 없는 브랜드가 되었을까?

나이키 Just Do It 30주년 캠페인 'Dream Crazy' (2018)

2018년 9월, 나이키가 'Just Do It' 슬로건 론칭 30주년을 맞아 선보인 캠페인은 미국 사회를 크게 뒤흔들었다. 공개적으로 인종 차별에 반대해 온 미식축구 선수 콜린 캐퍼닉을 홍보대사로 발탁했기 때문이다. 경찰의 과잉 진압 논란으로 흑인과 유색 인종에 대한 차별 이슈가 급부상하던 2016년 8월, NFL(미국 프로풋볼리그)의 '샌프란시스코 포티나이너스' 쿼터백이었던 콜린 캐퍼닉은 경기 시작 전 국가 제창을 거부하고 기립 대신 무릎을 꿇는 퍼포먼스를 통해 인종 차별에 대한 침묵시위를 했다.

그러자 미식축구뿐만 아니라 프로 야구, 프로 농구 등 다양한 분야의 스포츠 선수들이 그의 퍼포먼스에 동참했고 인종 차별 반대와 평등을 외치는 많은 사람들의 지지를 받았다. 그렇게 그가 흑인 인권 운동의 상징적인 존재가 되자 트럼프 대통령을 비롯한 보수주의 성향의 사람들은 강력한 반대 여론을 만들어 냈다. 사회 분열을 부추겼다는 논란 속에 2017년 3월 팀과 계약이 만료된 콜린 캐퍼닉은 자유계약 선수가 되었지만 자신을 원하는 팀이 없어 선수 생활을 이어갈 수 없었다. 이런 그를 나이키가 캠페인의 메인 모델로 발탁한 것이다.

사람들이 너의 꿈을 미쳤다고 말하거나
네가 할 수 있다고 생각하는 것에 대해 비웃는다면
좋아. 그렇게 하라고 해.

왜냐하면 믿음이 없는 사람들은 이 사실을 모르니까.
남의 꿈을 미쳤다고 하는 말이 모욕이 아니라
칭찬이라는 것을.

(중략)

사람들이 스포츠 역사상 가장 위대한 팀을 이야기할 때
그 팀이 너의 팀이 될 수 있게 만들어.
너의 손이 하나라면 미식축구 경기를 그저 지켜보기만 하지 마.
가장 높은 레벨에서 경기를 뛰어.

역사상 가장 위대한 선수가 돼.
그래. 그렇게 말이야.

그러니, 너의 꿈이 미쳤는지 물어보지 말고

얼마나 더 미쳐야 하는지 물어봐.

네가 시도해 보기 전까지는 그저 미친 꿈일 뿐이야.

It's only crazy until you do it.

해버려.

Just do it.

나이키가 콜린 캐퍼닉을 메인 모델로 사회적인 메시지를 담은 광고를 공개하자 이에 반발한 일부 소비자들은 나이키 운동화를 태우거나 찢는 사진들을 소셜 미디어에 올리며 보이콧을 선언했고, 트럼프 대통령도 트위터를 통해 광고를 공개적으로 비난하는 등 큰 파장을 불러왔다.

하지만 나이키는 캐퍼닉을 "스포츠의 영향력을 이용해 세계를 발전시키는 데 기여한, 근래 가장 영감을 준 인물"이라고 밝히며 30주년 캠페인을 끝까지 진행하겠다는 입장을 분명히 밝혔다. 수많은 반대의 목소리에도 흔들리지 않았던 나이키의 우직함은 성공적인 결과로 이어졌다. 나이키 제품의 온라인 판매량은 노동절(9월 1일) 이후 이틀 동안 판매율이 31%나 증가했고, SNS에서는 최소 4300만 달러(약 480억 원)의 광고 효과를 얻었다.

여성 운동 선수에 대한 편견에 맞서다 'Dream Crazier' (2019)

나이키는 콜린 캐퍼닉이 출연한 'Dream Crazy' 광고의 후속으로 2019년 'Dream Crazier(더 미친 꿈을 가져라)'를 선보인다. 이 광고에서 나이키는 여성 운동 선수들에 대한 사회적인 편견을 지적했다.

> 우리가 감정을 드러내면 우리를 지나치게 감정적이라고 말하지.
> 우리가 남자들과 대결하고 싶어 하면 우린 미친 거야.
> 우리는 동등한 기회를 꿈꾸지만 그건 망상일 뿐.
> 우리가 반박하면 우리는 불안정한 것이라고 해.
> 당신들은 마라톤을 하는 여자를 미쳤다고 했고

If they think your dreams are crazy, show them what crazy dreams can do.
Just do it.

복싱을 하는 여자를 미쳤다고 했고

덩크슛을 하는 여자를 미쳤다고 했고

NBA팀 코치를 하는 여자를 미쳤다고 했고

히잡을 쓴 채로 경쟁을 벌이고

기록을 갱신하고

1080도 회전 더블 콕(double cork) 기술을 선보이거나

23번의 그랜드 슬램을 달성해도

아이를 출산한 뒤 복귀를 하면

미쳤다, 미쳤다, 미쳤다, 미쳤다고 한다.

그러니 누군가 당신에게 미쳤다고 말한다고 해도.

괜찮아.

미쳤다고 하는 당신이 무엇을 할 수 있는지 보여줘.

네가 시도해 보기 전까는 그저 미친 꿈일 뿐이야.

It's only crazy until you do it.

Just do it.

나이키는 남다른 능력과 열정을 갖고 있지만 여성이라는 이유로 불공정하고 불평등한 대우를 받으면서도 끝까지 포기하지 않고 도전한 세계적인 여성 선수들을 광고에 등장시킨다. 여성 선수들에 대한 사회적인 편견과 고정 관념에 당당하게 맞서라는 메시지와 함께 'Just Do It' 정신을 다시 한번 강조한 것이다. 앞서 콜린 캐퍼닉의 캠페인이 단기간에 강력한 미디어 버즈를 만들어 냈지만, 이를 단순히 밀레니얼 세대를 끌어들이기 위한 마케팅의 일환이라고 말할 수 없는 이유는 나이키가 흑인과 유색 인종 그리고 성소수자, 여성에 대한 차별과 편견 그리고 비정상적인 신체를 가진 사람들을 조명하는 이야기를 오래전부터 해오고 있기 때문이다. 그 중심에 바로 지금의 나이키를 있게 만들어 준 'Just Do It' 캠페인이 있다.

1988년 광고 대행사 위든 앤 케네디(Wieden & Kennedy)의 공동 창업자 댄 위든이 만든 'Just Do It' 슬로건은 경기장 안과 밖, 스포츠와 일상을 넘나들며 성취감, 영감, 도전 정신 등 나이키의 브랜드 정신을 대변하는 '거대한 세계관'이다. 'Just Do It'은 나이키의 핵심 철학으로서 30여 년간 지속적이면서도 일관되게 '그냥 해봐(Just Do It)' 정신을 수많은 서브 세계관('Write the Future', 'Find Your Greatness', 'Dream crazy' 등)을 통해 확장시켜 나가고 있다.

앞서 소개한 사회적인 이슈에 대해서도 분명하고 단호한 입장을 밝혔던 나이키의 'Just Do It' 캠페인이 사람들에게 더 많은 지지와 응원을 만들어 낼 수 있었던 것은 나이키의 입장과 방식이 새삼스러운 것이 아니라 아주 오래전부터 일관되게 유지해 오던 것이기 때문이다.

평등에는 경계가 없어야 한다
'Equality' (2017) / 'For Once, Don't do It' (2020)

> "The ball should bounce the same for everyone."
>
> (공은 누구에게나 똑같이 튀어야 한다.)
>
> "Equality has no boundaries"
>
> (평등에는 경계가 없어야 한다.)

2017년 2월에는 흑인 역사의 달을 기념하여 NBA 선수 르브론 제임스, 케빈 듀란트, 테니스 선수 세레나 윌리엄스, 골프 선수 타이거 우즈 등이 참여한 'Equality(평등)' 캠페인을 선보였다. '평등에는 장벽이 있어서는 안 되며 기회에서도 차별이 있어서는 안 된다', '우리가 스포츠에서 평등할 수 있다면, 어떤 곳에서도 평등할 수 있다(If We Can Be Equals Here, We Can Be Equals Everywhere).'는 슬로건을

EQUALITY.

For once,
Don't Do It.

통해 흑인, 유색 인종 차별에 대한 반대 메시지를 다시 한번 분명하게 전한 것이다.

이후 2020년 5월, 미국 미네소타주 미니애폴리스에서 백인 경찰관의 가혹 행위로 흑인이 숨진 사건이 발생하자, 나이키는 인종 차별에 무관심한 사람들을 대상으로 반대 운동에 동참하자는 메시지를 던진다. 당시 업로드된 나이키의 영상은 5월 30일 나이키 공식 트위터 계정에 올라온 지 불과 6일만에 9.9만 건 이상의 리트윗, 22.2만 건 이상의 좋아요를 받으며 수많은 사람들의 지지를 받았다.

이번 한 번만은 하지 마라(For Once, Don't do It).
미국에 문제가 없는 척하지 마라.
인종 차별 문제를 외면하지 마라.
무고한 목숨을 빼앗기는 걸 용납하지 마라.
더 이상 변명하지 마라.

이 일이 당신과 상관없다고 생각하지 마라.
가만히 앉아서 침묵하지 마라.
당신이 변화의 일부가 될 수 없다고 생각하지 마라.

우리 모두 변화의 일부가 되자!
'Just Do It' 이 아니라 'Don't Do It'.

일본 내 인종 차별 문제를 고발하다

Nike Japan 'The Future Isn't Waiting' (2020)

가끔 생각해. 나는 어떤 존재일까?

할 수 있는 게 있기는 한 걸까?

나는 기대에 어긋나는 사람일까?

평범하지 않은 걸까? 이대로 괜찮은 걸까?

(넌 미국인이야? 일본인이야?)

(이런 거 올리면서 자기가 귀엽다고 생각하나 봐.)

전부 무시할 수 있다면 좋을텐데…

조금 덜 눈에 띄어야 할지도 몰라.

조금 더 주변과 어울리는 게 좋을까?

여기에 있으면 안 되는 걸까?

지금까지 늘 그랬어.

그게 당연하다고 생각했어.

하지만 그렇지 않아.

(맞아. 맞아. 말도 안 되지.)

사람들은 말해.

언젠가 누구나 있는 그대로의 자신으로

살 수 있는 세상이 온다고.

動かしつづける。自分を。未来を。The Future Isn't Waiting

YOU CAN'T
STOP SPORT.

US

하지만 기다릴 수만은 없잖아.

계속 움직여, 자신을. 미래를.

(動かしつづける。自分を。未来を。)

You Can't Stop Us.

Nike.

나이키는 2020년 11월 말 일본에 거주하는 일본인, 재일 교포, 흑인 혼혈인의 실제 이야기를 소재로 인종 차별과 따돌림에 시달리는 10대 학생들의 이야기를 파격적으로 광고에 담았다. 그리고 여기에 등장하는 3명의 소녀가 스포츠를 통해 하루하루의 고뇌와 갈등을 딛고, 장벽을 무너뜨리고 변화를 만들어 내는 스포츠의 힘과 가치를 전하는 광고를 공개했다.

일본 내 인종 차별 문제를 다룬 이 광고를 두고 일본 내에서는 공감과 반대의 목소리가 동시에 터져 나오며 큰 논란이 되었다. 나이키 재팬 공식 유튜브에서 영상이 공개된 지 10일 만에 유튜브에서 1100만 건의 조회 수를 기록했고 유튜브에서는 8.4만 건의 좋아요, 6.5만 건의 싫어요가 표시되었으며 무려 5.8만 개가 넘는 댓글이 달렸다. 일본인들은 이 광고가 일본을 지나치게 차별적인 사회로 묘사했다고 주장하며 나이키 불매 운동을 거론하거나 외국 브랜드가 일본의 내부의 민감한 문제에 대해 왜 의문을 제기하는지 불만을 표시했다.

하지만 나이키는 앞으로도 모든 사람에 대한 경의, 공평한 대응을 호소해 나갈 것이며, 광고의 논란에 관해서도 누구나 자신을 있는 그대로 받아들일 수 있는 밝은 미래를 만들기 위해 일본의 젊은이가 행동할 것을 촉구한다고 밝혔다. 그리고 지난 40여 년 동안 그래온 것처럼 모든 레벨의 여자 선수들이 스포츠, 운동과 놀이를 통해 자신의 실력을 발휘할 수 있도록 격려와 지원을 계속할 것이라고 당당하게 이야기했다.

나이키는 오랜 시간 'Just Do It' 세계관을 이야기하고 확장해

나가며 스포츠와 일상을 넘나드는 사회적인 이슈에 꾸준히 주목했다. 그리고 만약 그들이 올바른 입장을 취해야 한다면, 그리고 그것이 브랜드 철학에 부합하는 것이라면 다른 이들의 시선을 두려워하지 않고 강렬한 목소리를 냈다. 이렇게 모든 영역과 사회 전반에 걸쳐 오랜 시간 동안 변하지 않는 분명한 입장과 진심을 전해왔기에 많은 사람들이 스포츠라는 영역을 넘어 나이키의 팬이 되고 'Just Do It'의 정신과 세계관을 적극적으로 지지하게 된 것이다. 지난 2019년 나이키의 공동 창업자 필 나이트(Philip Knight)가 콜린 캐퍼닉이 출연한 'Just Do It' 30주년 캠페인의 론칭을 최종 승인한 과정을 밝혔던 해외 매체와의 인터뷰에서도 나이키의 세계관은 분명하게 드러난다.

> "많은 사람들이 나이키를 좋아하는 만큼 얼마나 많은 사람들이 나이키를 싫어하는지는 그렇게 중요하지 않다. 그리고 그런 입장을 갖고 있다면 때때로 다른 사람들을 불쾌하게 만드는 것에 대해 두려워해서는 안 된다. 분명한 입장을 취해야 한다. 그것이 바로 콜린 캐퍼닉이 출연한 나이키의 광고가 성공한 이유라고 생각한다."

포카리스웨트는 왜 이렇게 메이킹에 진심일까?

포카리스웨트가 메이킹을 브랜딩에 활용하는 방법

포카리스웨트, 게토레이, 파워에이드… 이 브랜드들의 공통점은 무엇일까? 바로 이온 음료, 운동 후 땀으로 빠져나간 전해질과 수분을 보충하기 위해 개발된 음료 브랜드라는 점이다. 동일한 속성을 가진 브랜드이지만 이 3개 브랜드의 커뮤니케이션 방식은 저마다 다르다. 그중에서도 포카리스웨트 재팬은 확실하게 다른 브랜딩 전략을 보여준다.

포카리스웨트는 지난 2021년 4월, 400대 1의 오디션 경쟁을 통해 일본에서 패션모델과 배우로 활동하고 있는 나카지마 세나를 브랜드의 새로운 주인공으로 발탁하여 새로운 광고를 제작하고 이를 유튜브 채널에 공개했다.

광고 속 모든 공간을 초대형 세트로 만들다 '하지만 네가 보였다(でも君が見えた)' (2021)

자신답게 나아가는 것은 힘들지만 분명 즐겁다.
함께 달리는 동료가 있으면 더욱 용기가 생긴다.

교복을 입은 학생들로 가득한 학교의 복도. 한 소녀가 다른 사람들과 정반대로 뛰어 달리기 시작한다. 흩날리는 바람을 맞으며 아래위로 흔들리는 복도를 지나 문을 열면 몽환적인 새로운 공간이 드러나는데, 등나무꽃이 피어 벚꽃이 흩날리는 공간이 펼쳐지고 소녀는 속도를 늦추지 않고 계속해서 힘차게 달린다.

바람이 거세게 불고 크게 물결을 치며 땅이 흔들리는 상황 속에서도 거침없이 달려 도착한 곳은 한 무대.

그 무대에서는 다른 한 소녀가 그녀를 기다리고 있고 두 소녀가 서로의 손을 잡자 공중에 떠올랐다가 내려온다. 그러자 무대를 감쌌던 파란색 커튼이 열리고 주변에는 수많은 친구들이 두 소녀를 지켜보고 있다. 두 소녀는 손을 잡고 친구들을 지나 밖으로 나가고, 땀을

잔뜩 흘린 소녀가 음료를 마시고 다시 다른 소녀와 손을 잡고 뛰는 장면으로 영상은 마무리가 된다.

'하지만 네가 보였다(でも君が見えた)'라는 타이틀의 광고는 "용기를 내어 자신만의 길을 가면 역풍이 순풍으로 바뀐다", "함께 달릴 수 있는 친구가 있다면 용기가 생긴다"라는 '청춘과 우정을 응원하는' 브랜드의 메시지를 감각적인 영상을 통해 함축적으로 담아냈다. 이 광고는 공개 1주일 만에 소셜 미디어에서 1000만 건이 넘는 조회수를 기록하며 큰 관심을 받았다.

많은 사람들이 포카리스웨트의 광고에 크게 주목한 또 하나의 이유는 밝고 희망적인 내용뿐 아니라 광고 속 모든 장면들이 'CG가 거의 사용되지 않은 원테이크 촬영'이라는 사실 때문이었다. 포카리스웨트는 메이킹 필름을 통해 광고의 배경이 되었던 '움직이는 복도와 등나무, 벚꽃이 만발하는 공간'이 모두 CG가 아닌 실제로 제작된 85미터 길이의 대형 세트였고 광고의 처음부터 끝까지 모든 장면들이 원테이크로 촬영된 것이라는 사실을 알렸다.

자, 그렇다면 여기서 궁금한 점이 생긴다. 포카리스웨트는 CG를 사용해서 쉽게 광고를 제작할 수도 있었지만 왜 굳이 대형 세트까지 제작하는 번거로운 과정을 거쳐 광고를 만들었을까? 기획부터 광고 제작 완료까지 6개월이라는 기간이 소요되었다는 이 광고에서 주목해서 살펴봐야 하는 부분이다.

첫째는 '왜 원테이크 샷으로 촬영을 했을까'라는 점이다. 포카리스웨트는 '땀을 흘리는 모든 사람들을 위한 음료'라는 점이 브랜드에서 가장 중요한 속성이라고 여긴다. 그래서 포카리스웨트가 중요하게 생각하는 것은 '생명력'이다. 포카리스웨트는 '리얼한 땀의 표현'이 매우 중요한 부분이기 때문에 CG를 활용해서는 이 리얼한 땀의 표현이 어렵다고 판단했고 실제로 광고 속 주인공이 달려서 땀을 흘리는 것을 표현하고자 했던 것이다.

둘째, '왜 바람을 광고에서 다루었는가'다. 포카리스웨트의 광고 '하지만 네가 보였다'의 컨셉은 'Find My Way'다. '자신의 길을 가는 것은 힘들지만 거기에는 분명 많은 기쁨이 넘쳐날 것이다. 함께 달리는 동료가 있으면 더 용기가 생긴다'라는 메시지를 담고 있다. 그래서 포카리스웨트가 '자신의 길을 가는 것은 힘들다'는 이야기를 표현하기 위해 선택한 모티브가 '바람(역풍)'이었다.

물결치는 바닥이나 흔들리는 벽, 흩날리는 꽃잎이나 회전하는 단장은 역풍을 표현하기 위해 설정한 것이고 땀을 흘리는 물리적인 상황을 표현하기 위해 평탄한 길이 아닌 높낮이가 다른 복도를 연출했으며 움직이는 바닥을 비롯한 연출을 통해 '고난에 맞서며 앞으로 나아가는' 것을 표현한 것이다.

대형 세트를 제작해 원테이크로 촬영을 진행한 광고의 제작 과정을 담은 포카리스웨트의 메이킹 필름은 본편 광고 못지않게 큰 조회 수를 기록하며 본편 광고를 크게 알리는 바이럴 효과를 만들어 냈다.

초대형 구름을 직접 만들다
'날개는 필요 없어(羽はいらない)' (2022)

구름 위로 가는 거야.

날개 같은 건 필요 없어.

그날 학교 가는 길에서 봤던 뭉게구름.

닿을지 모르겠지만 구름 위에

가보고 싶다고 생각했어.

자신을 감싸고 있던 투명한 베일을 깨고.

날개 같은 건 필요 없어.

'하지만 네가 보였다' 광고로부터 1년이 지난 2022년 4월, 포카리스웨트는 전편의 광고 모델 나카지마 세나가 출연하는 새로운 광고. '날개는 필요 없어(羽はいらない)'를 공개했다. 새로운 광고에서도 CG 작업을 하지 않고 리얼리즘을 강조하는 포카리스웨트의 아날로그 연출 방식은 여전히 계속되었다.

1년 전의 광고와 마찬가지로 이번 광고 역시 특별한 제작 과정을 거쳤는데, 광고 속 '소녀가 구름 위로 뛰어드는 장면'을 촬영하기 위해 초대형 구름을 직접 재현했다. 거대한 벌룬으로 초대형 세트장을 제작하고 6번의 콘티 수정을 거치는 등 이번에도 전편 못지않은 스케일의 과정을 거쳐 광고가 완성되었다. 포카리스웨트는 이번에도 광고의 제작 과정을 마케팅에 적극적으로 활용하는 전략을 썼다. 광고의 기획이 시작되고 제작이 완료되기까지 180일간 300명의 스태프들이 참여한 모든 과정을 담은 메이킹 필름을 한 편의 다큐멘터리처럼 제작해 유튜브에 본편 광고와 함께 동시에 공개했다. 또한 포카리스웨트의 공식 소셜 미디어 계정과 광고 제작에 참여한 연출감독, 크리에이티브 디렉터 등 주요 스태프들의 개인 SNS 계정을 통해서도 제작과 관련된 이야기들을 소개하며 포카리스웨트의 광고

가 어떤 의도로 기획이 되었고 어떤 방식으로 제작이 되었는지를 적극적으로 알리는 커뮤니케이션을 진행했다.

광고 제작의 전체 여정을 담은 메이킹 필름은 이번에도 이슈가 되며 큰 관심을 받았다. 포카리스웨트 공식 유튜브에 공개된 '날개는 필요 없어' 광고 본편의 누적 조회 수가 495만인데 메이킹 필름의 조회수가 384만이라는 것을 보면 얼마나 많은 사람들이 메이킹 필름에 큰 관심과 반응을 보였는지 알 수가 있다.

4348명의 청춘들이 모여 함께 춤을 추다
포카리 가치 댄스 페스티벌 (2018)

이번에는 앞서 소개한 두 편의 광고 이전에 제작된 포카리스웨트의 광고를 살펴보자. 포카리스웨트는 지난 2015년부터 10대 중고생을 메인 고객층으로 겨냥해 브랜드 캠페인을 전개하기 시작했는데, '청춘이 갖는 잠재력'을 이야기하는 댄스 퍼포먼스를 활용한 광고 시리즈를 제작했다. 지난 2018년 공개된 포카리스웨트의 광고 '진심으로 열정을 다해 추는 댄스 축제'라는 의미를 가진 '포카리 가치 댄스 페스티벌(ポカリガチダンスFES)'은 그중에서도 청춘들의 땀을 가장 멋지게 담아낸 케이스다.

오디션을 통해 선발된 일본의 중고생 4348명이 모여 공원에서 포카리스웨트의 광고 음악에 맞춰 다 같이 춤을 추는 댄스 이벤트를 진행한 것이다. 포카리스웨트는 수많은 청춘들이 모여 함께 하나가 되고 광고 음악에 맞춰 땀을 흘리며 춤을 주는 장면을 담아 광고로 제작했다. 또한 무려 4000명이 넘는 일본의 중고생들이 모여 함께 '땀을 흘리며' 춤을 연습하고 멋진 댄스 군무를 완성하기까지의 과정을 다큐멘터리 형식의 메이킹 필름으로 제작해 공개했고 청춘들이 하나가 되어 잠재력을 보여주는 멋진 모습을 감동적인 브랜

드 스토리로 전하며 큰 공감을 이끌어냈다. 전례 없는 엄청난 규모의 인원이 모인 포카리스웨트의 댄스 이벤트는 'TV 광고 촬영을 위해 동시에 춤을 춘 최다 인원 수'로 기네스북 기록으로도 인정을 받게 되었다.

앞에서 소개한 여러 포카리스웨트의 광고 캠페인에서 공통적으로 확인할 수 있는 점이 있다. 바로 광고의 제작 과정을 상세하게 소개하는 메이킹 필름을 본편 광고를 제작하는 것 못지않게 중요하게 생각하며 전략적으로 활용한다는 것이다. 국내와 해외의 케이스를 보더라도 광고의 제작 과정을 담은 메이킹 필름을 이렇게 힘을 들여서 만드는 경우는 드물다. 메이킹 필름을 만든다 하더라도 광고 촬영 현장의 분위기를 담는 정도가 대부분이다. 그런데 포카리스웨트는 왜 이렇게 메이킹 필름에 진심일까?

첫 번째 이유는 메이킹 필름 자체가 브랜드의 본질적인 이야기를 담아내는 스토리텔링의 효과적인 수단이 될 수 있다는 것이다. 포카리스웨트는 '땀을 흘리는 모든 사람들을 위한 음료', '사람이 본래 가진 힘을 끌어내고 몸을 가꿔주는 음료'라는 점이 브랜드의 가장 중요한 속성이다. 포카리스웨트는 "땀을 흘리며 살아가는 사람들을 응원하며 힘이 되고자 한다"는 것을 브랜드의 중요한 미션으로 삼는다. 그래서 땀을 브랜드가 중요하게 생각하는 '활기찬 생명력'이라는 핵심 속성과 연결시키며 청춘들이 땀을 흘리는 장면을 어떻게 담을 것인가를 캠페인에서 중요하게 다룬다.

그래서 포카리스웨트는 광고에서 '땀을 어떻게 표현할 것인가'가 매우 중요하며, 광고 속 주인공이 흘리는 땀이 가짜가 아닌 '진짜'여야 한다고 생각한다. 그래서 CG를 거의 사용하지 않고 모델이 직접 달리거나 움직이는 등 몸의 활발한 움직임을 통해 사실적으로 땀을 흘리는 장면을 광고에 담아내는 연출을 오랜 시간 꾸준하게 진행해 왔다. 또한 광고 제작 과정을 담은 메이킹 필름을 제작해 공개함으로써 포카리스웨트 광고의 주인공이 흘리는 땀이 모두 진짜라는 점을 짧은 광고가 아닌 긴 호흡의 이야기로 풀어내 생생하게 전달한다. 그리고 이를 통해 '땀을 흘리는 모든 사람들이 자신의 몸을 가꾸도록 만들어 주는 음료'라는 브랜드의 차별화된 속성을 자연스럽게 경험하도록 만든다.

두 번째 이유는 사용자 입장에서 메이킹 필름은 광고를 더 재미있고 다양한 시각에서 시청하고 해석할 수 있는 브랜드 콘텐츠가 될 수 있다는 점이다. 포카리스웨트는 지난 2015년부터 10대 중고생을 타깃으로 다양한 캠페인을 전개한 후 본편 광고와 동시에 광고 제작 과정을 담은 메이킹 필름을 공개하고 있는데, 시청자(고객) 입장에서는 초대형 세트 제작, CG가 사용되지 않은 리얼한 촬영 기법, 수많은 스태프들의 참여 과정, 광고의 기획 배경 등을 상세하게 소개하는 비하인드 영상을 통해 본편 광고를 적극적으로 시청하고 다양한 시선에서 해석할 수 있다.

메이킹 필름에서 본편 광고로 자연스럽게 이어지는 높은 관심은 사용자가 자발적으로 소셜 미디어를 통해 광고를 다른 사람에게 적극적으로 추천하거나 공유하도록 만들고, 브랜드에 대한 다양한 이야깃거리를 만들어 내며 광고를 적극적으로 보고 싶은 콘텐츠로 인식하게 만든다.

매번 새로운 광고를 공개할 때마다 메이킹 필름을 전략적으로 활용하는 포카리스웨트 재팬의 광고 시리즈를 통해 광고 자체뿐 아니라 광고 제작 과정의 비하인드 스토리 또한 차별화된 브랜드 경험을 만들어 내는 전략적인 브랜딩이 될 수 있다는 점을 확인할 수 있다.

버거킹은 시장에서 어떻게 남다른 자기다움을 만들었을까?

버거킹이 강력한 개성을 구축하는 브랜딩 전략

질문을 하나 해 보자. 대표적인 라이벌 브랜드라고 하면 어떤 브랜드들이 떠오르는가? 나이키와 아디다스, 코카콜라와 펩시… 패스트푸드 시장에서는? 아마 맥도날드와 버거킹을 가장 많이 떠올릴 것이다. 두 브랜드의 창립일은 맥도날드가 1955년, 그리고 버거킹이 1954년으로 60년이 넘는 긴 시간 동안 패스트푸드 시장 안에서 이들 브랜드는 끊임없는 경쟁을 펼치고 있다. 그렇다면 두 브랜드의 시장 점유율은 어떨까?

2019년을 기준으로 글로벌 패스트푸드 시장의 전체 점유율을 살펴보면 맥도날드가 21.4%로 1위, 버거킹은 1.16%로 전체 시장 점유율에서 채 2%의 비중도 되지 않는다. 하지만 버거를 판매하는 패스트푸드 시장을 기준으로 살펴보면 맥도날드가 1위, 버거킹과 웬

디스가 2위와 3위 타이틀을 주고받고 있다. 맥도날드는 버거킹과 비교했을 때 2배가 넘는 매장 수, 5배의 광고 예산, 10배의 매출 규모로 비즈니스 실적에서는 압도적인 우위를 보이고 있지만 많은 사람들은 자연스럽게 버거킹을 맥도날드의 대표적인 라이벌, 즉 2인자로 인식하고 있다. 그렇다면 실제 시장 규모로 보면 약자에 가까운 버거킹이 어떻게 맥도날드의 강력한 라이벌로 자리 잡을 수 있었을까? 여기에는 바로 확고한 브랜드 개성을 만들어 낸 버거킹의 차별화된 브랜딩 전략이 큰 역할을 했다.

광대 복장을 하고 버거킹 매장에 가면 와퍼가 공짜
'Scary Clown Night' (2017)

버거킹의 마스코트는 '왕(King)'이고 맥도날드의 마스코트는 '로널드 광대(Clown)'라는 사실을 모르는 사람은 없을 것이다. 버거킹은 오래전부터 바로 맥도날드의 마스코트인 '광대'를 중요한 소재로 활용해 맥도날드를 저격하는 마케팅을 많이 선보이고 있는데, 지난 2017년 버거킹은 '할로윈'이라는 시즌 이슈를 기발하게 마케팅에 활용했다.

같은 해에 개봉한 스티븐 킹 원작 소설의 공포 영화 〈그것(IT)〉은 뛰어난 스토리와 영상미, 원작의 탁월한 재해석으로 공포 영화의 새로운 신드롬을 만들어 내며 흥행에 크게 성공했고, 영화 속 악역으로 등장한 광대 캐릭터 역시 큰 주목을 받았다. 버거킹은 이 영화의

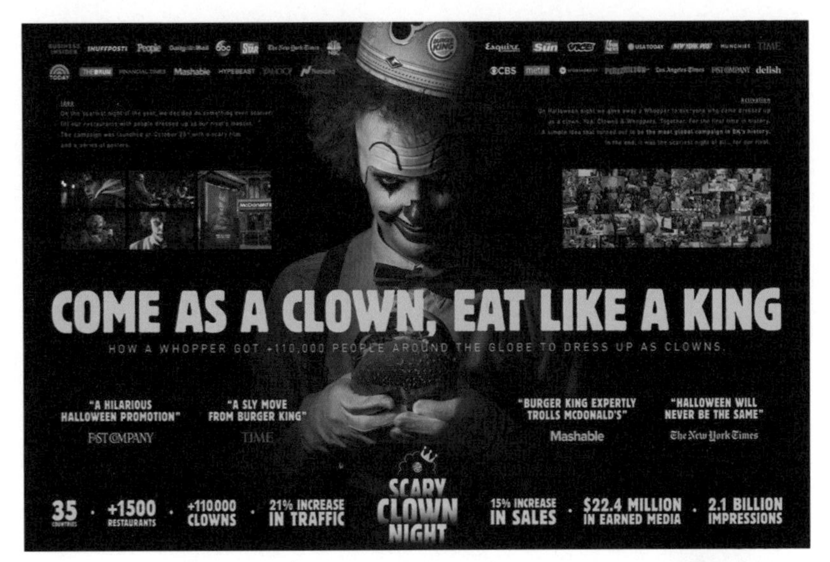

흥행을 그냥 놓치지 않았다. 버거킹은 맥도날드의 마스코트인 광대가 공포 영화 속 캐릭터와 같다는 점을 이용해 맥도날드의 광대를 조롱하며 사람들이 버거킹 매장을 방문하도록 특별한 제안을 했다. '광대처럼 와서 왕처럼 먹어라(Come As a Clown, Eat Like a King)'. 할로윈 밤에 맥도날드의 마스코트인 광대로 분장해 레스토랑에 오는 모든 사람에게 와퍼를 무료로 제공하겠다고 한 것이다.

버거킹은 할로윈 일주일 전 영화 〈그것〉의 광대 캐릭터를 떠올리게 하는 공포 영화 스타일의 광고를 만들어 공개했고, 버거킹의 소셜 미디어 채널과 매장을 활용해 할로윈 이벤트를 알렸다. 그렇다면 할로윈 당일 얼마나 많은 광대들이 버거킹 매장을 찾았을까? 미국, 영국, 스페인, 브라질 등 전 세계 35개국, 1500개 이상의 버거킹 매장에 11만 명이 넘는 사람들이 광대 분장을 하고 버거킹 매장을 찾아와서 공짜 와퍼를 받아 갔다. 그 결과 맥도날드를 저격한 버거킹의 할로윈 캠페인은 큰 성공을 거두었다.

모든 왕에게는 광대가 필요하다!
경쟁 브랜드의 기념일을 마케팅에 활용한 공개 저격
'Every King Needs A Clown' (2022)

1971년 12월 4일은 맥도날드가 독일 뮌헨에 첫 매장을 오픈한 날이다. 그러니까 2021년 12월은 맥도날드가 독일 시장에 진출한 지 50주년이 되는 매우 특별하고 의미 있는 기념일이다. 그리고 버거킹은 독일 시장 진출 50주년을 맞이한 맥도날드를 다시 한번 마케팅에 끌어들인다. 이번에도 맥도날드의 상징이자 마스코트인 광대를 통해서다.

> 모든 왕에게 광대는 필요하다.
> (Every King Needs A Clown.)

궁정 광대(Court Jester)는 원래 중세 시대 영주에게 소속되어 유희를 제공하는 사람으로, 왕이나 영주에게 웃음을 주는 역할을 하는 존재였다. 그리고 맥도날드의 50주년을 축하하는 버거킹의 축하 인

McDonald's Germany headquarters, Munich

사 슬로건은 바로 오래전의 중세 시대를 떠올리게 했다. 과거 중세 시대에 광대가 왕을 모셨듯이 맥도날드는 지금도 사실 버거킹의 밑에 있다는 것이다.

버거킹은 버거킹의 캐릭터는 왕, 맥도날드의 캐릭터는 광대라는 점을 이용해 '모든 왕에게는 광대가 필요하다'라는 메시지가 담긴 축하 인사와 함께 왕과 광대가 함께 그려진 포스터를 제작했다. 그리고 맥도날드 독일 본사와 뮌헨에 위치한 맥도날드 독일 1호점 인근 15개 장소에서 옥외광고를 집행했고, 광고 포스터를 차량에 부착해 맥도날드 독일 1호점 곳곳을 이동하는 프로모션도 함께 진행했다.

맥도날드 독일의 50주년을 축하하는 버거킹의 축하 인사가 사실은 버거킹이 맥도날드보다 우월한 브랜드라는 점을 역설적으로 홍보하는 마케팅이 된 것이다. 버거킹은 포스터를 활용해 페이스북,

인스타그램, 틱톡 등 소셜 미디어 채널에서도 맥도날드를 저격하는 커뮤니케이션을 이어갔고 맥도날드 50주년을 축하하는 버거킹의 센스 넘치는 마케팅은 큰 화제가 되면서 독일뿐 아니라 해외의 주요 미디어에서도 소개가 되며 '맥도날드보다 우월하다'는 버거킹의 주장을 전 세계에 알렸다.

단돈 10원에 와퍼를 먹으려면 맥도날드에 가야만 한다?
'Whopper Detour' (2018)

버거킹은 2018년 와퍼를 단돈 1센트, 그러니까 한화로 10원에 구매할 수 있는 파격적인 캠페인을 론칭한다. 그런데 여기서 재미있는 사실은 1센트로 버거킹 와퍼를 구매하기 위해서는 맥도날드 매장을 먼저 들러야 한다는 사실이다. 12월 4일부터 12일까지 진행된 'Whopper Detour(와퍼 디투어)' 캠페인은 사용자가 1센트에 와퍼를 먹는 이벤트에 참여하기 위해서 버거킹 앱을 다운받고 맥도날드 매장을 먼저 방문해야 하는 특별한 두 가지 과정이 설계되어 있었다. 버거킹 앱을 다운받는 건 홍보를 위해 당연하다지만 굳이 맥도날드 매장을 들러야 한다니 이게 대체 무슨 말인가 생각하는 사람도 있을 것이다. 이벤트 참여 과정을 간단하게 요약하면 다음과 같다.

버거킹의 모바일 앱을 다운받고 설치 → 맥도날드 매장 약 183미터 반경 안에서 버거킹 앱을 실행 → 와퍼 버거를 1센트에 구매할 수 있는 쿠폰을 실행한다(183미터 이내가 아닌 곳에서는 쿠폰이 안 열림) → 버거킹 앱에서 안내하는 가장 가까운 버거킹 매장에서 주문한 와퍼를 찾는다(1회만 참여 가능).

버거킹 앱을 다운로드하고, 맥도날드 매장까지 찾아가 앱을 실행해야 하는 번거로운 참여 과정이 있지만, 단돈 10원에 와퍼를 득템할 수 있는 이 이벤트에 사람들은 얼마나 참여를 했을까? 결과는 그야말로 엄청났다. 캠페인 론칭 후 9일만에 버거킹 모바일 앱의 다운로드 건수는 150만을 기록하며 애플 앱스토어, 구글 플레이 전체 다운로드 순위 1위를 차지했고 캠페인 기간 동안 모바일 구매 실적이 3배나 증가하는 성과를 거두었다. 게다가 4000만 달러에 달하는 미디어 홍보 효과를 거두는 엄청난 입소문도 만들어 냈다.

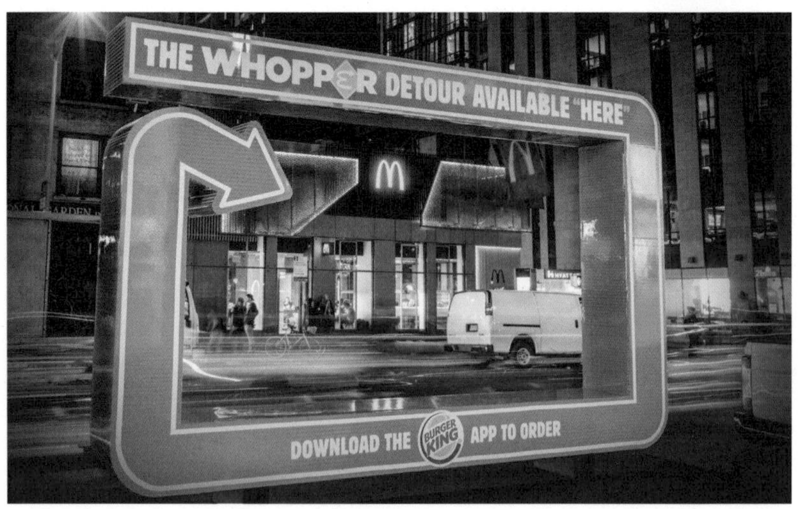

버거킹의 캠페인에서 주목할 점은 바로 두 가지다. 첫째, 단순히 와퍼를 할인해 주거나 무료로 제공하는 판촉의 방식이 아니라 모두가 주목할 수밖에 없는 흥미로운 입소문 이슈를 만들어 냈고, '와퍼 1센트 구매'라는 파격적인 할인 행사와 함께 경쟁자, 맥도날드를 노골적으로 도발하는 이벤트에 많은 사람들이 직접 참여하도록 전략적으로 기획했다는 점이다.

둘째, 버거킹 모바일 앱의 다운로드와 실행 건수를 훨씬 더 파격적인 수치로 늘리는 데 성공했다는 점이다. 단순히 브랜드에 대한 이슈를 만들어 내는 차원을 넘어 모바일 앱을 다운받고, 체험하게 만들고, 나아가 이를 통해 사용자 구매 행동으로 이어지게 만드는 비즈니스 성과를 만들어 냈다는 것에 주목하게 된다.

맥도날드 광고에 불을 지르면 와버 버거가 공짜
'Burn That Ad' (2019)

지난 2019년 버거킹이 브라질에서 진행한 캠페인을 살펴보자. 이번에는 맥도날드 광고에 불을 지르면 와퍼 버거 무료 쿠폰을 증정하는 캠페인을 진행했다. 물론 진짜 불로 태우는 것은 아니었다. 디지털 기술을 활용해 맥도날드 광고에 불을 지를 수 있게 만들었다. 바로 증강 현실(AR)을 이용한 기술이다.

버거킹 모바일 앱에 증강 현실 필터 기능을 넣어서 버거킹 앱을 실행하고, 맥도날드의 인쇄 광고, 쿠폰, 옥외 광고 등에 스마트폰 카메라를 대고 탭을 누르면 맥도날드의 광고가 화염에 휩싸이게 되

고 그 광고가 버거킹의 광고로 바뀌게 된다. 사용자가 맥도날드 광고에 불을 지르는 미션을 완료하고 나면 가까운 버거킹 매장에서 사용할 수 있는 와퍼 무료 쿠폰을 받을 수 있는 리워드를 제공했다. 이 캠페인의 아이디어에서 주목할 점은 증강 현실이라는 디지털 기술 자체보다 바로 '불'이라는 사용자 경험이다.

맥도날드 광고에 불을 지르는 경험이 버거킹이 타 경쟁사와 가장 큰 차별을 두고 있는 강점인 '불에 직접 굽는 직화구이로 만드는 패티를 사용한(Flame-Grilled) 버거'라는 제품의 속성을 재미있게 떠올리도록 하기 때문이다. 또한 버거킹의 핵심 속성인 '불'을 흥미롭게 경험하게 함으로써 맥도날드에 비해 버거킹의 존재감까지 높이게 만들었다.

버거킹 브라질이 론칭한 이 캠페인은 스타벅스 사이렌 오더와 같이 고객이 사전에 모바일 앱으로 버거를 주문하고 매장에서 주문한 제품을 가져갈 수 있는 BK Express라는 서비스 출시를 기념해 진행한 것으로 기념비적인 성과를 만들어 냈다. 캠페인 론칭 후 한 달 만에 100만 건의 다운로드를 달성하면서 브라질은 전 세계에서 가장 많이 버거킹 앱을 다운로드 받은 국가로 기록되었다.

버거킹은 왜 맥도날드 제품을 홍보하는 광고를 만들었을까? 경쟁자를 위해 광고까지 만든 버거킹의 캠페인에 숨겨진 비밀 'Helping Whopper Junior' (2021)

버거킹은 1등 브랜드 맥도날드를 늘 저격하는 방식으로만 마케팅에 끌어들이지 않았다. 브랜드의 영향력을 활용해 사회적인 이슈에도 주목하면서 맥도날드를 포함한 경쟁 브랜드에도 손을 내밀고 연대를 제안하면서 상생의 가치를 보여주는 캠페인도 함께 진행하고 있다.

지난 2021년 말 버거킹이 폴란드에서 제작한 광고는 사람들의 두 눈을 의심하게 만들었다. 바로 버거킹이 언제나 노골적으로 견제하고 있는 1등 경쟁 브랜드 맥도날드 매장을 방문해달라는 광고를 제작했기 때문이다. 경쟁 브랜드를 방문해달라는 광고를 만들다니… 뭔가 반전이 있겠지라고 생각했는데 그것도 아니었다. 어떻게 된 일인지 살펴보자.

맥해피데이(McHappy Day)는 매년 맥도날드가 전 세계에서 진행하는 자선 모금 행사다. 맥도날드는 폴란드에서 12월 11일 맥해피데이 행사를 통해 고객이 감자튀김을 구매할 때마다 1 zloty(0.25달러) 상당의 금액을 아이들을 돕는 단체인 로널드 맥도날드 하우스(Ronald McDonald Houses)에 기부를 한다. 이런 좋은 일을 하는 맥도날드를 돕기 위해 버거킹이 12월 11일, 단 하루만은 맥도날드에서 감자튀김을 구매하라는 광고를 만든 것이다

버거킹의 광고는 여기서 끝나지 않았다. 맥도날드에서 감자튀김을 구매하는 영수증을 버거킹 매장에 보여주면 와퍼 주니어를 무료로 증정하는 행사도 동시에 진행했다. 버거킹이 소개한 캠페인의 기획 배경도 시선을 끈다. 어려운 사람을 돕는 문제는 경쟁을 초월한다는 것이다. 좋은 일, 착한 일을 하는 것에도 창의적인 아이디어가 필요하다는 것을 잘 보여주는 사례다.

버거킹, 무료 식당 광고를 위해 인스타그램 계정을 빌려주다 'Burger King and Friends' (2020)

"와퍼가 인생의 전부는 아니다.
세상에는 와퍼만큼 유명해져야 할 수많은 식당이 있다."

지난 2020년 코로나19 여파로 유럽 각국이 봉쇄를 강화하면서 경영난을 겪는 중소 식당들이 많아지게 되었다. 프랑스에서는 락다운 조치로 모든 식당이 일정 기간 영업을 중단하게 되었고, 영국도 코로나 대응 단계를 런던 외 잉글랜드 남동부 에식스와 하트퍼드셔 지역에서 3단계로 격상했다. 그 결과 모든 펍과 바, 식당은 배달 및 포장, 드라이브스루 영업만 허용이 되는 상황을 맞았다. 버거킹은 이렇게 코로나로 어려움을 겪는 식당들을 돕기 위해 더 이상 인스타그램에 버거킹 와퍼 사진을 올리지 않겠다고 선언하며 특별한 캠페인을 진행했다.

버거킹은 모두가 어려움을 겪고 있는 코로나 팬데믹 시대에 맥도날드, KFC, 서브웨이와 같은 경쟁 브랜드에서 주문을 해달라는 메시지를 소셜 미디어 채널을 통해 제안하며 과감한 협업 의지를 보여주었다. 그리고 프랑스와 영국에서 코로나로 어려움을 겪는 자영업 식당들을 돕기 위해 33만이 넘는 팔로워를 가진 자사의 인스타그램 계정을 활용해 작은 식당들을 무료로 홍보할 수 있는 캠페인을 시작했다. 많은 팔로워들을 보유하고 있는 버거킹 인스타그램 계정을 통해 식당들을 위한 무료 광고를 해주는 것이다.

버거킹은 와퍼만큼 유명해질 자격을 갖춘 수천 곳의 음식점과 훌륭한 음식들이 있다고 말하며 버거킹의 도움이 필요한 자영업 식당들을 위해서 필요한 도움을 주겠다며 캠페인의 취지를 밝혔다. 홍보를 원하는 프랑스와 영국 지역의 식당은 메뉴 사진과 간단한 설명을 #whopperandfriends 해시태그를 달아 인스타그램에 업로드하면 버거킹이 브랜드 인스타그램 계정을 통해 가게를 소개하는 방식이었다. 이렇게 작은 식당들을 돕는 버거킹의 캠페인은 프랑스와 영국 지역의 식당들이 영업을 재개할 때까지 진행되었다.

평소 맥도날드와 같은 경쟁자들을 마케팅에 끌어들이는 전략을 주로 진행했던 버거킹이 전 세계적인 위기 상황 속에서는 브랜드가 가진 영향력을 창의적이면서도 의미 있게 활용하는 탁월한 아이디어를 보여주었다는 점에서 이 캠페인에 주목하게 된다.

많은 사람들은 궁금할 것이다. 버거킹이 이렇게 매번 맥도날드를 뻔뻔하게 겨냥하면서 마케팅에 끌어들이고 있는데 맥도날드는 정말 아무런 대응을 하지 않았을까? 버거킹의 모든 캠페인에 맥도날드가 전혀 대응을 하지 않은 것은 아니었을 것이다. 하지만 맥도날드는 버거킹이 진행하는 자신들을 겨냥한 대부분의 마케팅에 직접적인 대응을 하지 않고 있다. 그 이유를 두 가지로 추측해 본다.

첫째로 버거킹이 맥도날드를 마케팅에 끌어들이는 방식이 노골적으로 맥도날드를 겨냥한 것이기는 하지만 그것이 경쟁자를 근거 없이 부정적으로 평가하거나 비방하는 방식이 아니라는 것이다. 미디어의 관심은 언제나 1등 브랜드의 행보에 더 큰 주목을 하기 마련이다. 버거킹은 경쟁 브랜드와 확실히 구분할 수 있는 버거킹만의 남다른 강점을 알리기 위해 모두가 주목하는 패스트푸드 1등 브랜드 맥도날드를 이용하는 것이지 맥도날드의 제품이나 서비스를 비판하는 것은 결코 아니었다. 버거킹이 맥도날드를 일방적으로 비방하는 방식의 비교 광고를 진행했다면 오히려 소비자들이 불쾌감을 표시하면서 버거킹에 대해 부정적인 이야기들을 했을 것이다.

둘째로 글로벌 패스트푸드 시장에서 맥도날드와 버거킹의 시장 점유율의 차이는 엄청나게 크다. 압도적인 규모로 맥도날드가 버거킹보다 우위에 있는 것이다. 시장 규모로 볼 때 1등 브랜드 맥도날드 입장에서 약자에 가까운 버거킹이 맥도날드를 끌어들이는 마케팅을 진행할 때마다 버거킹의 행보에 대해 매번 부정적인 입장을 밝히거나 비판하는 식으로 대응을 한다면 오히려 사람들이 버거킹의 마케팅에 더 주목하게 만드는 결과를 만들게 된다. 그러니 굳이 맥도날드 입장에서는 버거킹의 이런 마케팅에 매번 대응할 필요가 없는 것이다.

버거킹은 1등 브랜드인 맥도날드를 노골적으로 견제하거나 때로는 특별한 협업을 제안하는 방식을 쓰기도 하고, 파격적인 할인이나 증정 프로모션이 연계된 캠페인을 전개하는 등 미디어의 관심을 크게 이끌어내면서 소비자들의 적극적인 이벤트 참여 성과도 함께 만들어 냈다. 버거킹은 노골적으로 경쟁자들을 겨냥했지만 그것이 경쟁자를 근거 없이 비방하는 방식이 아니라, 버거킹만이 이야기할 수 있는 브랜드의 경험 요소들을 누구나 참여하고 체험해 보고 싶도록 제안하는 방식으로 버거킹만의 '쿨'한 브랜드 개성을 구축할 수 있었다.

버거킹은 일관된 브랜드 방향성을 가지고 경쟁자와는 다른 자기다움, 브랜드 개성을 만들어 가는 브랜딩 전략에 집중했다. 그 결과 강력한 팬덤을 만들어 내며 세계에서 가장 인기가 많은 맥도날드의 라이벌로 인식하게 만드는 데 성공했다. 1등을 놓치지 않는 숙명의 경쟁자 '맥도날드'를 남다른 방식으로 마케팅에 끌어들이는 버거킹은 창의력의 힘이 브랜드의 명성을 어떻게 만들어 낼 수 있는지를 보여준다.

하인즈 케첩은 어떻게 마케팅 맛집으로 소문이 났을까?

1등 케첩 브랜드 하인즈가 브랜드 충성도를 높이는 방법

한국에서는 케첩 하면 대다수가 오뚜기 케첩을 떠올리겠지만 전 세계 시장에서 1위인 케첩 브랜드는 바로 하인즈(Heinz)다. 하인즈는 한때 매년 6억 5천만 개가 넘는 케첩을 판매했으며, 2016년까지 글로벌 소매점 기준 매출액 1위, 미국 내 시장 점유율 82%, 영국에서는 60%의 점유율을 기록하며 많은 소비자들의 사랑을 받고 있다. 하인즈 케첩은 지금도 미국 시장에서 70%의 점유율로 압도적인 1위의 명성을 유지하고 있는데 특히 탁월한 아이디어를 보여주는 마케팅으로도 업계의 주목을 받고 있다.

그렇다면 전 세계 1등 브랜드답게 마케팅 맛집으로도 소문난 하인즈 케첩은 어떻게 마케팅을 하고 있을까? 이 장에서는 마케터로서 가장 시선을 끌었던 하인즈 케첩의 캠페인 케이스들을 살펴보고 느낀 점들을 이야기해 보려고 한다.

영국 최고 인기 팝스타와 케첩의 신박한 콜라보 'Edchup' (2019)

인기 연예인이나 유명인이 브랜드의 홍보 대사가 되어 다양한 콜라보를 선보이는 건 요즘에는 사실 그렇게 특별한 일은 아니다. 그런데 지난 2019년, 역대 최고의 뮤지션으로 평가받는 세계적인 아

티스트와 케첩 브랜드의 만남이 전 세계인들의 시선을 사로잡았다. 단순히 아티스트가 가진 명성과 영향력 때문이 아닌 아티스트와 브랜드의 만남이 다른 케이스에서는 볼 수 없었던 매우 특별한 관계로부터 시작이 되었기 때문이다.

〈Shape of You〉, 〈Perfect〉, 〈I Don't Care〉 등 수많은 히트곡으로 세상에서 가장 많은 앨범을 판매한 영국의 대표적인 싱어송라이터 에드 시런(Ed Sheeran)을 모르는 사람은 아마도 거의 없을 것이다. 그는 종종 하인즈 케첩의 사진을 자신의 인스타그램 계정에 올리며 자신이 하인즈 케첩의 엄청난 팬이라는 사실을 공개적으로 이야기했고, 그것도 모자라 자신의 팔에 하인즈 케첩 보틀의 문신을 새길 정도로 하인즈 케첩의 열성 고객이었다.

에드 시런은 2019년 4월, 자신의 인스타그램 계정에 하인즈 케첩을 들고 찍은 사진 3장을 업로드하며 자신에게 하인즈 케첩의 TV 광고를 위한 특별한 아이디어가 있으니 하인즈에게 함께 해 보자고 공개적으로 제안을 한다. 하인즈에 대한 무한한 애정을 보여준 에드 시런의 팬심이 결실을 맺게 되는 데는 그리 오래 걸리지 않았다. 하인즈는 곧 애드 시런의 제안을 받아들이고 브랜드 론칭 150주년을 기념해 애드 시런이 기획한 내용으로 애드 시런이 직접 출연하는 광고를 제작하게 된다. 광고의 내용은 이렇다.

에드 시런이 고급 레스토랑에 가서 음식을 주문하는데, 웨이터는 음식을 서빙하면서 음식이 매우 특별하고 고급스럽다는 것을 이야기하기 위해 장황한 설명을 늘어놓는다. 하지만 레스토랑의 고급 요리에 대해 뭔가 아쉽다는 생각을 한 에드 시런이 가방에서 뭔가를 꺼내는데, 바로 '하인즈 케첩'. 에드 시런은 하인즈 케첩을 요리에 뿌리고 그걸 지켜보는 웨이터와 레스토랑의 고객들이 경악하지만, 그는 주문한 요리를 맛있게 먹기 시작하며 광고는 마무리가 된다.

놀랍게도 사실 이 광고는 에드 시런이 실제로 겪은 일을 바탕으로 만들어졌다. 에드 시런은 과거에 트위터를 통해 고급 레스토랑에 방문한 적이 있었는데 레스토랑에서 케첩을 달라는 요청을 거절당한 경험이 있다는 것을 밝혔다. 그는 레스토랑에서 케첩은 고급스럽지 못하다며 자신의 요청을 거절할 때마다 화가 났고, 케첩보다 고급스러운 건 없다고 공개적으로 이야기를 했다. 바로 이런 자신의 경험담을 광고에 그대로 담은 것이다.

하인즈 케첩은 에드 시런의 아이디어로 제작된 TV 광고를 제작하는 것에 그치지 않았다. 하인즈 케첩은 에드 시런과 하인즈의 이름을 절묘하게 합친 'Edchup'이라는 이름의 한정판 케첩을 출시해 온라인에서만 판매하는 프로모션을 진행했다. 에드 시런의 아이디어로 제작된 하인즈의 광고가 공개된 지 2개월 후인 2019년 8월, 하인즈의 수퍼 팬인 그의 애정이 드러나는 특급 콜라보를 추가로 선보이게 된다. 하인즈는 브랜드 론칭 150주년을 맞아 에드 시런이 팔에 새긴 하인즈 타투의 형상을 보틀 패키지 디자인으로 제작한 에드 시런 × 하인즈 타투 에디션(Ed Sheeran × Heinz Tattoo Edition)을 출시하는 콜라보를 진행했다. 에드 시런이 가수라는 점을 상징하는 스피커 모양의 박스에 담긴 타투 에디션 하인즈 케첩은 브랜드 론칭 150주년을 기념해 단 150개만 제작되었고, 온라인 추첨, 경매, 기부 등 3가지 방식을 통해 한정판 케첩의 주인을 찾았다.

보통 인기 연예인이나 유명인은 특정한 계약 기간 동안 광고 모델과 브랜드의 홍보 대사로 활동하다가 계약 기간이 끝나면 바로 동종 업계 경쟁 브랜드의 모델로 활동하게 되는 경우가 적지 않다. 하지만 팝스타 에드 시런과 하인즈 케첩의 만남은 보통 브랜드가 유명인이나 인기 연예인에게 손을 먼저 내미는 방식이 아니었다. 반대로 인기 팝스타가 브랜드에 대해 애정과 팬심을 적극적으로 밝히고 협업을 제안하면서 마케팅이 시작되었고 협업의 과정 속에서 에드 시런의 엄청난 영향력과 그가 보여준 하인즈 케첩에 대한 진심 어린 팬심, 여기에 대한 흥미로운 비하인드 스토리가 더해져 예상보다 훨씬 더 뜨거운 이슈를 만들어 냈다.

제품에 라벨을 잘못 부착한 하인즈 케첩의 실수?
'Pour Perfectly' (2020)

지난 2019년 캐나다에서 하인즈 케첩의 브랜드 라벨이 잘못된(?) 방향으로 부착되는 사태가 발생했다. 다른 것도 아니고 케첩 보틀 패키지에 브랜드 라벨이 잘못된 각도로 부착이 되는 실수라니. 심각한 실수가 아닌가라고 대부분의 사람들은 생각할 수 있을 것이다. 하지만 사실 이것은 실수가 아니었다. 하인즈 케첩이 완벽하게 의도한 고도의 마케팅이었던 것!

하인즈는 브랜드 론칭 150주년을 맞아 하인즈 케첩의 로고 라벨을 비스듬하게 부착한 한정판 케첩 '푸어 퍼펙틀리 보틀(Pour Perfectly Bottle)'을 출시했다. 하인즈가 하인즈 케첩 보틀의 라벨을 의도적으로 사선으로 기울여 부착한 데는 특별한 이유가 있었다. 바로 고객들이 하인즈 케첩을 가장 완벽하게 요리에 뿌릴 수 있는 타이밍을 알 수 있게 한 것인데, 하인즈 케첩 보틀을 손에 쥐고 하인즈 케첩의 라벨이 사람의 시선에서 똑바로 잘 보이는 순간이 가장 쉽고 완벽하게 하인즈 케첩을 요리에 사용할 수 있는 타이밍이라는 점을 알려주려 한 것이다.

브랜드의 라벨을 잘못 부착한 실수라고 사람들이 생각하도록 만든 것이 완벽하게 의도된 고도의 마케팅이었다는 것. 하인즈 케첩은 단순히 패키지 라벨을 다른 각도로 부착하는 것만으로 고객이 하인즈 케첩을 필요하게 만드는 특별한 브랜드 경험을 만들어냈다.

드라마에서 광고주가 거절했던 하인즈 케첩 광고
현실 세계에서 진짜 광고로 부활이 되다
'Pass the Heinz' (2017)

〈매드맨(Mad Men)〉은 1960~70년대 유명 광고 제작자의 일과 사랑, 권력 싸움을 그린 미국 드라마로 지난 2007년 시즌 1을 시작으로 2015년 시즌 7을 끝으로 종료가 될 때까지 에미상, 골든 글로브 등을 수상한 명품 드라마로 이름을 알렸다. 특히 광고 분야에서 일하고 있는 사람들이라면 한 번쯤 접했을 드라마이기도 하다. 혹시 〈매드맨〉의 열렬한 시청자라면 아마 기억할 것이다. 시즌 6에서 주인공인 돈 드레이퍼가 하인즈 경영진을 대상으로 피칭을 하는 장면이 정말 유명한데, 그는 광고 속 이미지에 제품을 직접적으로 노출하지 않고 소비자들이 케첩을 광고에서 직접 볼 수는 없지만 제품을 기억할 수 있는 더욱 많은 여운을 남겨서 더 효과적으로 제품을 떠올리게 하자는 제안을 한다. 하지만 드라마 속 하인즈의 경영진은 이런 그의 제안을 거절한다. 그리고 드라마가 첫선을 보인 지 10년이 지난 2017년 하인즈 케첩은 〈매드맨〉 제작 10주년을 맞아 시즌 6에서 광고주에게 승낙을 받지 못했던 'Pass The Heinz' 캠페인을 실제 광

CAMPAIGN RESULTS:
- 2.6 BILLION MEDIA IMPRESSIONS
- USD $55MM EARNED MEDIA
- FACEBOOK GLOBAL TREND TOPIC
- THE FIRST EVER "REVERSED PRODUCT PLACEMENT" IN HISTORY
- HEINZ MOST EFFICIENT AND TALKED ABOUT AD CAMPAIGN EVER
- 4540% ROI
- DON DRAPER'S MOST SUCCESSFUL AD CAMPAIGN BECAUSE IT'S THE ONLY ONE THAT ACTUALLY HAPPENED

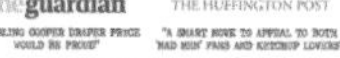

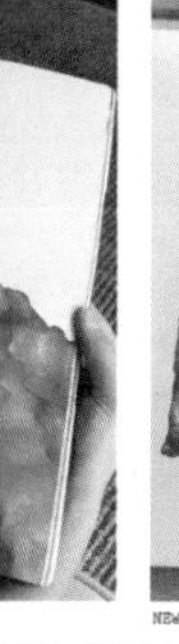

7TH AV. & 49TH ST / 10TH AV. & 29TH ST. / 23RD ST. AND HIGHLINE / NEW YORK, NY.

VARIETY MAGAZINE

NEW YORK POST NEWSPAPER

고로 제작한다.

〈매드맨〉 드라마 속 에이전시 스털링 쿠퍼(Sterling Cooper)의 배경이 되었던 뉴욕에 드라마 속 피치 장면에 등장했던 광고를 옥외 광고, 〈뉴욕 포스트〉 지면 광고 그리고 소셜 미디어 채널을 통해 현실 세계에서 실제 광고로 부활시켰다. 방영 중인 드라마에 제품을 노출하는 일반적인 PPL 방식이 아니라 이미 오래전에 종영이 되었던 드라마에 픽션으로 등장했던 광고 아이디어를 현실(논픽션) 광고로 만들어 낸 하인즈 케첩의 캠페인은 드라마의 열혈 팬들에게 큰 호응을 얻었고 광고 업계에서도 큰 이슈를 불러일으키는 데 성공했다.

1등 케첩 브랜드의 위상을 증명해 보인 하인즈의 기발한 실험 마케팅 'Draw Ketchup' (2021)

만약 여러분들이 자신이 알고 있는 케첩의 모양을 직접 그려보라는 요청을 받는다면 과연 어떤 이미지의 그림을 그리게 될까? 지난 2021년 하인즈 케첩은 전 세계 18개국 사람들을 대상으로 특별한 실험을 진행한다. 저마다 자신이 알고 있는 케첩의 이미지를 그림으로 그려 보라는 것이었다. 하인즈는 '하인즈 케첩'이라는 구체적인 브랜드를 전혀 언급하지 않고 단순히 '케첩'을 그려보라는 이야기만 했는데 그 결과는 정말 흥미로웠다.

실험에 참여한 사람들의 그림체는 다 달랐지만 사람들이 그렸던 케첩의 이미지에서 찾을 수 있는 공통점이 한 가지 있었는데, 그것은 바로 대부분 '하인즈 케첩'의 보틀을 떠올리며 케첩의 그림을 그렸다는 점이었다. 하인즈는 전 세계 사람들에게 단지 케첩을 그려달라고 요청을 했을 뿐이지만 대부분의 사람들이 케첩을 떠올릴 때 이미 하인즈 케첩을 떠올리고 시각화한다는 점을 알게 되었고 이 재미있는 실험 결과를 마케팅에 활용하기로 했다. 사람들이 하인즈 케첩을 떠올리면서 직접 그린 케첩 스케치들을 옥외 광고와 디지털 광고의 소재로 활용하면서 '케첩은 역시 하인즈'라는 1등 케첩 브랜드 하인즈의 상징성과 브랜드 충성도를 대외적으로 크게 알리는 데 성공했다.

HEINZ
DRAW KETCHUP.

여기서 그치지 않고 하인즈는 일반 사람들도 이 실험에 참여할 수 있는 새로운 프로모션도 함께 제안했다. DrawKetchup.ca라는 사이트를 통해 사람들이 직접 자신만의 하인즈 케첩 그림을 그려 제출할 수 있도록 한 것. 게다가 제출된 그림들 중 250개를 선정해 자신만의 라벨이 있는 하인즈 케첩 보틀을 받을 수 있는 기회까지 제공했다. 전 세계 사람들이 수많은 케첩 브랜드 중에서도 하인즈 케첩을 가장 압도적으로 선호하고 있다는 사실을 매우 신선하면서도 확실한 방식으로 증명해 보여주었다는 점에서 하인즈 케첩의 특별한 실험은 창의적인 마케팅으로 호평을 받았다.

하인즈 케첩으로 바꿔주세요!
열성 고객을 활용해 신규 고객을 만들어내는 방법
'Tip For Heinz' (2022)

하인즈의 조사에 따르면 북미 지역 인구 4명 중 3명은 외식을 할 때 하인즈 케첩을 선호하지만, 하인즈 케첩을 취급하지 않은 레스토랑이나 식당을 방문했을 경우 고객 입장에서 대처할 수 있는 방법이 없다는 점이 아쉽다고 응답했다고 한다. 특히 하인즈를 제공하지 않는 식당에 대해 응답자들이 느끼는 감정을 설명하는 데 가장 많이 사용된 단어는 바로 '실망'이었다고 한다. 그만큼 하인즈 케첩에 대한 충성도가 높다는 것이다.

하인즈 케첩은 이렇게 하인즈 케첩을 선호하는 충성도가 높은 고객의 참여를 통해서, 하인즈 케첩을 취급하지 않는 식당에서 케첩을 하인즈로 바꾸도록 만드는 캠페인을 기획했다. 하인즈 케첩을 선호하는 고객이 자신이 방문한 식당에서 하인즈 케첩을 제공해달라고 요청을 하면 하인즈가 일정한 보상을 해주는 것인데 구체적인 참여 내용을 소개하면 다음과 같다

하인즈 케첩을 선호하는 고객이 방문한 식당에서 만약 다른 브랜드의 케첩을 경험한다면 그 식당의 청구서에 'Tip For Heinz(하인즈를 위한 팁)'라고 쓰고 1달러 팁을 낸 다음, 해당 청구서의 사진을 촬영해 캠페인 사이트인 www.tipforheinz.com에 제출하거나 해시

태그 #TipForHeinz, #sweepstakes와 함께 인스타그램에 업로드를 하면 하인즈가 고객이 하인즈를 위해 지불한 1달러 팁을 되돌려주는 것이다. 하인즈는 캠페인에 참여한 고객 중 일부에게는 음식값을 포함한 전체 청구서 금액을 하인즈가 되돌려주는 프로모션까지 진행했다.

또한 여기서 그치지 않고 고객의 요청을 받은 식당을 대상으로도 프로모션을 진행했다. 하인즈 케첩으로 가장 빨리 케첩을 바꾼 10개 식당에게 하인즈 케첩 1년치 제품을 무상으로 제공하는 리워드 프로그램을 진행하며, 케첩을 대량으로 구매하는 신규 고객 영입을 위한 마케팅을 적극적으로 실행했다. 브랜드에 열정적인 팬들의 참여를 통해 케첩을 대량으로 취급하는 중요한 잠재 고객을 하인즈 케첩의 고객으로 전환시키는 그야말로 창의적인 전략이었다.

최근 하인즈 케첩의 시장 점유율은 점차 감소하는 추세이기는 하지만 미국에서는 여전히 70%대의 시장 점유율을 확보하며 업계 1위의 명성을 유지하고 있다. 이미 전 세계 1등 브랜드인 하인즈 케첩은 앞에서 소개했던 사례들처럼 왜 굳이 이런 마케팅을 하는 걸까?

만약 시장 점유율이나 매출이 다소 하락했다면 하인즈 케첩은 제품 할인이나 쿠폰 발행 등 판촉 활동을 통해 매출을 늘리는 방법을 사용할 수도 있을 것이다. 하지만 이는 단기적으로 판매 실적을 높이는 효과를 가져올 수는 있겠지만 그런 방식으로는 오리지널 케첩 하나만으로 시장에서 계속해서 1위 브랜드라는 명성을 유지하기는 쉽지 않다. 오레오가 새로운 맛을 계속해서 출시하며 브랜드에 관한 다양한 이야깃거리를 끊임없이 만들어 내는 전략을 쓰는 반면 하인즈 케첩은 대표 상품이 오리지널 케첩 하나뿐이므로 '케첩의 맛' 자체에 중점을 두고 마케팅을 이어가는 것은 소비자에게 큰 공감을 얻기가 어려울 것이다.

그래서 하인즈 케첩은 1등 브랜드의 위상을 주목할 만한 방식으로 증명해 보이거나 하인즈 케첩을 사용하는 고객만이 체험할 수 있는 특별한 브랜드 경험을 통해 '케첩은 하인즈여야만 하는(It Has To Be Heinz)' 이유를 일관되게 강조하며 브랜드 충성도를 높이는 전략에 집중하고 있다.

영원한 1등 브랜드는 없다. 하인즈 케첩은 브랜드에 대한 끊임없는 화제를 만들어 내는 것과 동시에 하인즈 케첩을 구매하는 소비자들로 하여금 자신들의 선택이 옳았다는 것을 다양한 방식으로 일관되게 증명함으로써 자부심을 갖게 만드는 것을 브랜딩 전략의 핵심으로 삼는다. 하인즈 케첩의 브랜딩 전략을 통해 브랜드가 소비자들의 마음속에 오래 머물게 만드는 방법을 확인할 수 있다.

애플은 어떻게 세상을 바꾼 브랜드의 대명사가 되었을까?

시대를 초월해 애플이 브랜딩을 주도하는 변함없는 핵심 원칙

글로벌 시장 조사업체 카운터포인트 리서치에 따르면 2022년 전 세계에서 가장 많이 팔린 스마트폰 1위는 아이폰13, 2위와 3위는 아이폰13 프로 맥스, 아이폰14 프로 맥스였다. 그리고 애플의 아이폰 시리즈는 작년에 전 세계에서 가장 많이 팔린 스마트폰 TOP10 중에서 무려 8개를 차지하며(나머지 2개는 삼성전자) 아이폰에 대한 변함없는 인기를 증명했다.

또한 글로벌 브랜드 컨설팅 업체 인터브랜드가 발표한 베스트 글로벌 브랜드(Best Global Brands 2022) 순위에 따르면 애플의 브랜드 가치는 4822억 달러(약 668조 원)로 1위를 차지했고 스마트폰 시장에서 애플과 경쟁하고 있는 삼성의 브랜드 가치는 877억 달러(약 125조 원)로 5위를 차지했다. 스마트폰 시장에서 가장 먼저 떠오르는 브랜드는 애플과 삼성이지만 애플의 브랜드 가치는 삼성보다 무려 5배나 높다. 애플의 브랜드 가치는 10년 연속 1위를 유지하고 있다.

애플이 이렇게 지속적으로 성장할 수 있었던 이유는 무엇일까? 애플이 브랜드에 대한 강한 애정을 가진 충성도 높은 고객들을 확보할 수 있었던 이유는 바로 애플 고유의 브랜드 정체성을 갖고 있기 때문이다.

이러한 애플의 확고한 브랜드 정체성은 '제품으로 세상을 바꿀 수 있게 하겠다'는 브랜드의 미션을 일관되게 실천하는 전략을 통해 만들어졌다. '애플의 제품을 사용하는 사람들이 과거에는 상상할 수 없었던 방식으로 배우고, 창조하고, 연결할 수 있도록 하겠다'는 애플의 미션이 어떻게 실천되고 있는지 그 전략을 탐색해 보자.

스티브 잡스, 애플의 브랜드 핵심 가치를 선언하다 'Think Different' (1997)

> 미치광이들에게 바치는 헌사.
>
> 부적응자들, 반역자들, 말썽꾼들.
>
> 네모난 구멍에 들어가려는 둥근 못들.
>
> 사물을 다르게 보는 사람들.
>
> 그들은 규정을 좋아하지 않는다.
>
> 그리고 그들은 현상 유지에 관심이 없다.

Think different.
Think different.
Think different.
Think different.
Think different.
Think different.

당신은 그들을 칭찬하거나, 반박하거나, 인용하거나,

불신하거나, 찬양하거나, 비방할 수 있다.

당신이 할 수 없는 유일한 것은 그들을 무시하는 것이다.

왜냐하면 그들은 세상을 바꾸기 때문이다.

그들은 인류를 진전시킨다.

사람들은 그들을 미쳤다고 하지만

우리는 그들을 천재라고 여긴다.

왜냐하면 그들은 세상을 바꿀 수 있다고 생각하고

행동으로 실천할 만큼 미친 사람들이기 때문이다.

지난 1997년 제작된 애플의 광고 'Think Different(다르게 생각하라)'는 자신의 신념대로 남들과 다르게 생각하며 세상을 바꾼 사람들에게 경의를 표했다. 스티브 잡스는 1974년 애플을 창업한 후 얼마 되지 않은 1983년에 존 스컬리 전 펩시 CEO를 영입했지만, 경영 방식에 대한 의견 차이로 결국 자신이 회사를 떠날 수밖에 없었다. 스티브 잡스는 1985년에 애플을 떠난 후 12년 만에 복귀하게 된다.

1997년, 그가 애플로 복귀한 지 얼마 안 되었을 무렵 스티브 잡스는 애플 쿠퍼티노 본사에서 애플의 직원들에게 이 광고를 제작하게 된 배경을 밝혔다. 바로 '애플이 누구이고 왜 이 세상에 존재해야 하는지를 알리기 위해서'였다. 스티브 잡스는 'Think Different' 광고를 통해 애플이라는 브랜드의 존재 이유와 핵심 가치를 분명하게 알리고자 했다. 스티브 잡스가 정의한 애플의 핵심 브랜드 가치는 바로 '열정이 있는 사람들이 세상을 더 좋게 변화시킨다'는 것으로, 남다른 열정을 가진 사람들이 세상을 더 좋게 변화시키는 데 꼭 필요한 존재로서 인식이 되는 브랜드 정체성을 애플이 가져야 한다는 것이었다.

브랜드 미션을 담은 애플의 매니페스토 캠페인 'Designed by Apple in California' (2013)

이후 스티브 잡스가 세상을 떠난 지 오래지 않아 2013년에 열린 애플 개발자 컨퍼런스(WWDC)에서 선보인 캠페인에서는 애플의 브랜드 미션을 이전과는 다른 방식으로 전했다. '애플의 제품과 서비스를 이용하는 고객과의 관계'에 보다 집중하며 애플이 진정으로 추구하는 고객 가치가 무엇인지, 그리고 애플이 만드는 제품이 왜 세상에 필요한 것인지에 대한 메시지를 메니페스토(manifesto) 형식으로 담아냈다.

스티브 잡스가 사망한 후 '애플의 혁신성이 매우 떨어졌다'는 많은 전문가들의 평가와 주가 하락 등의 위기설에 둘러싸인 상황에서 애플은 특정한 제품에 대한 이야기가 아니라 애플의 브랜드 생태계와 그것을 사용하는 사람들에 초점을 맞췄다. 즉 '애플이 왜 사람들에게 필요한가?'라는 브랜드의 존재 이유를 마치 애플 스스로에 대한 다짐처럼 표현한 것이다.

그렇습니다.

중요한 건 바로 제품이 주는 경험.

누구를 위한 걸까? 삶이 더 좋아질까?

존재할 만한 이유가 있는 걸까?

많은 것을 만들기에만 바쁘다면

그 어떤 것도 완벽하게 할 수 없겠죠.

우리는 우연을 믿지 않습니다.

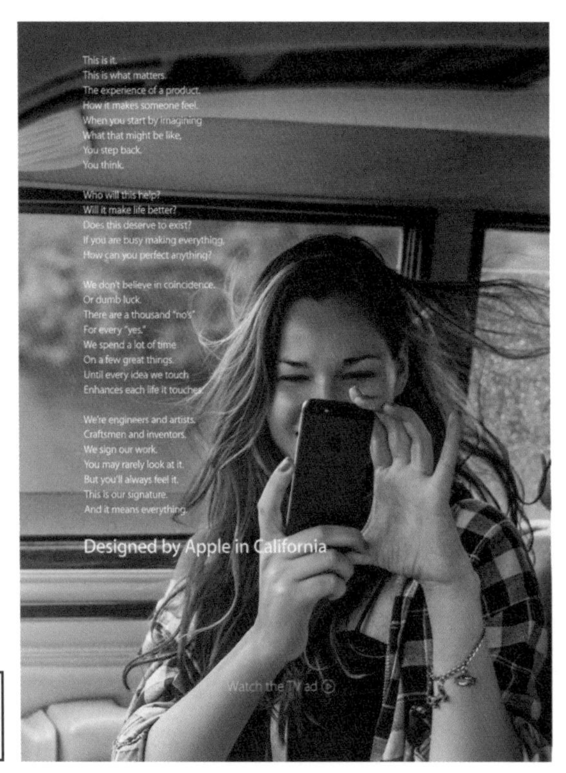

행운을 기대하지도 않습니다.

하나의 답을 찾기 위해 수천 번 반복하고

단 몇 개의 위대한 것을 위해 그 몇 배의 시간 동안 노력합니다.

우리의 손길이 닿은 모든 아이디어가

사람들의 삶에 닿을 수 있을 때까지.

우리는 엔지니어이자 아티스트,

장인이자 발명가입니다.

그리고 우리는 서명합니다.

당신은 무심코 지나칠 수도 있겠지요.

하지만 언제나 느낄 것입니다.

이것이 우리의 서명.

그리고 이것은 우리의 전부입니다.

Designed by Apple in California

아이폰으로 찍고 아이폰으로 편집하다
'Shot on iPhone' (2015~)

지난 2015년 론칭한 애플의 'Shot on iPhone(아이폰으로 찍다)'은 아이폰 사용자들을 대상으로, 아이폰의 다양한 기능들을 활용해 촬영한 최고의 사진을 선정하는 챌린지 캠페인이다. 애플은 아이폰

사용자 개인이 직접 촬영한 최고의 사진들을 통해 스마트폰으로 촬영한 사진도 하나의 멋진 작품이 될 수 있을 만큼 아이폰이 좋은 카메라 성능을 가지고 있다는 점을 보여주었다. 이와 함께 아이폰이 누구든 놀라운 사진 작품들을 만들어 낼 수 있을 정도로 창의적인 도구가 될 수 있다는 것을 증명했다.

애플은 'Shot on iPhone' 챌린지를 통해 매년 새롭게 출시된 아이폰 시리즈 고유의 기능을 활용한 최고의 사진들을 애플 웹사이트, 소셜 미디어 채널, 애플 스토어, 옥외 광고 및 공개 사진전 등을 통해 소개하고 있다. 이 캠페인을 통해 애플은 기존 아이폰 사용자에게는 확고한 브랜드 충성도를 강화하고, 아이폰을 사용하지 않는 사용자에게는 아이폰을 사용해 보고 싶다는 강렬한 브랜드 사용 경험의 욕구를 만들어 내는 데 성공했다. 'Shot on an iPhone'은 애플의 대표적인 브랜드 캠페인이 되어 현재까지 새로운 아이폰 모델이 출시될 때마다 새로운 버전의 'Shot on iPhone' 캠페인이 전개되고 있다.

이후 아이폰 카메라의 동영상 기능이 크게 업그레이드되면서 'Shot on iPhone' 캠페인은 아이폰 사용자의 사진 공모전을 넘어 좀 더 큰 규모의 특별한 영상 작품을 제작하는 프로젝트로까지 확대되었다. 미셸 공드리, 데미안 샤젤, 진가신, 지아장커, 박찬욱 등 유명 영화감독과 손을 잡고 전문가용 촬영 도구가 아닌 오직 아이폰으로 촬영한 단편 영화를 제작하는 등 새로운 버전의 아이폰 모델이 공개될 때마다 아이폰의 혁신적인 카메라 성능을 엔터테인먼트와 결합하는 방식이다.

맥북 사용자의 놀라운 창의성을 조명하다
'Behind the Mac' (2018~)

그런 사람들이 있습니다
안 된다는 말은 귓등으로 듣는…
요란하게 등장하죠.

행진하듯이
두려움 없이
조금 낯설게
현실에 맞서서.

그런 사람들이 있습니다.

위대한 일을 기다리지 않고

직접 해버리는.

MAC, 그 뒤에서.

지난 2018년 론칭한 애플의 'Behind the Mac(맥 그 뒤에서)' 캠페인에서는 애플의 맥북(Mac)을 활용해 혁신적인 일을 해내는 다양한 인물 또는 크리에이터들이 맥북과 함께하는 순간에 초점을 맞췄다. 이를 통해 애플의 제품과 사용자의 관계를 특별하게 조명했다.

그리고 2020년 11월 선보인 'Behind the Mac' 캠페인 시리즈 'Greatness(위대함)'에서는 맥북을 사용하는 유명 인사들의 실제 사진들을 광고의 소재로 활용해 '자신의 분야에서 위대한 일을 하는데 성공한 사람들'을 소개했다. 빌리 아일리시, 퍼렐 윌리엄스, 레이디 가가와 같은 뮤지션과 방송인, 배우, 활동가, 영화감독, 디자이너 등 각 분야에서 크게 이름을 알린 사람들이 맥북으로 위대한 일을 기다리지 않고 직접 해내는 이야기를 담았다. 이를 통해 맥북이 '사람들의 창의성을 높이는 혁신적인 도구'가 될 수 있다는 점을 강조했다.

한편 애플의 'Behind the Mac' 캠페인은 글로벌뿐 아니라 로컬의 특성을 살려 진행이 되고 있다. 지난 2020년 국내에서 공개된 '자신의 음악으로 세계와 만나다'는 맥북을 소재로 한국에서 처음으로 만든 'Behind the Mac' 캠페인이다. 여기에는 한국을 대표하는 케이팝이 소재로 등장한다. 김하온의 〈꽃(Prod. AVIN)〉을 배경 음악으로 사용한 광고에서는 코드 쿤스트, 박재범, 로꼬, 세븐틴, CL(씨엘), 브린, 씨피카 등 국내 아티스트들의 뮤직비디오나 라이브 퍼포먼스 영상, 뮤직 필름, 웹드라마 등 음악과 관련된 영상 중에서 맥과 함께하는 장면들을 활용해 맥북을 창의성을 표현하는 도구로 사용하는 대한민국의 인기 아티스트이자 크리에이터들을 조명했다.

애플 사용자의 창의성을 돕는 트레이닝 세션
애플 스토어 'Today at Apple'

애플이 전 세계 24개국에서 520개가 넘는 지점을 운영 중인 애플 스토어(Apple Store)는 애플의 제품과 서비스를 경험하고 전문가에게 각종 조언과 서비스를 지원받을 수 있는 오프라인 매장이다. 애플은 애플 스토어를 애플의 혁신적인 제품과 서비스를 통해 고객들이 자신의 창의력을 마음껏 발휘할 수 있는 방법을 발견하게 하며, 애플의 전문가와 더 많은 고객이 연결이 될 수 있는 공간으로 정의한다.

이런 애플 스토어만의 차별화된 정의를 경험할 수 있는 대표적인 사례가 바로 'Today at Apple(투데이 앳 애플)'이다. 이는 참가자가 사진, 음악, 예술과 디자인, 코딩 등의 분야를 배우고 창의성을 발휘할 수 있도록 다양한 무료 세션을 제공하는 애플 스토어의 트레이닝 프로그램이다. 애플 제품 전문가인 '크리에이티브 프로(Creative Pros)'가 진행하는 사진, 음악, 예술, 디자인, 코딩 등 다양한 세션으로 구성된 'Today at Apple'은 애플의 고객이 원하는 커리큘럼을 온라인에서 신청하고 오프라인 애플 스토어에서 수업을 받을 수 있다. 2017년 5월에 처음 서비스를 선보인 이후 지금까지 전 세계 애플 스토어에서 다양한 세션이 진행되고 있다.

애플은 'Today at Apple'을 애플의 기기를 사용하는 사람들의 경험을 발전시키는 방법 중 하나로 정의한다. 이를 통해 애플 스토어를 찾는 모든 사람들이 서로 소통하며 새로운 열정을 발견하거나 가지고 있는 기술을 한 차원 높일 수 있는 의미 있는 경험을 제공하고자 한다.

스티브 잡스는 생전에 "애플의 DNA는 기술만으로 충분하지 않으며 기술이 인문학과 교양과 결합했을 때 우리의 가슴을 뛰게 만드는 결과를 가져온다"고 말했다. 또한 "애플이 계속해서 사람들의 삶을 더 좋게 만드는 것에 집중하고 꾸준하게 이어 나갔을 때 기회가 있다"고 믿었다. '애플의 제품으로 세상을 바꿀 수 있게 하겠다'는 스티브 잡스의 비전과 철학은 지금까지도 변함없이 애플의 모든 구성원에게 이어지고 있다. 시대가 변해도 애플이 브랜딩을 주도하는 핵심 원칙은 결코 변하지 않는다.

애플은 기술의 힘을 소수가 아닌 세상 모든 사람들의 손에 쥘 수 있게 만들고 사람들이 이전에는 할 수 없었던 일을 할 수 있는 능력을 갖도록 함으로써 '누구나 세상을 바꿀 수 있는 창의적인 존재'로 만드는 것을 중요하게 생각한다. 또한 사용자 관점에서 애플이 만드는 제품이 왜 세상에 필요한지, 애플이 진정으로 추구하는 고객 가치가 무엇인지에 대해 집중한다.

즉 애플은 '애플의 제품을 사용하는 모든 사람들의 삶이 어떻게 더 창의적인 변화를 경험하는가'를 효과적으로 제안하는 일에 브랜딩 전략을 집중하고 있다. 그리고 이것이 바로 애플이 '사람들이 세상을 살아가는 방식을 획기적으로 변화시킨' 브랜드의 대명사가 된 이유다.

뉴욕타임스가 '구독의 가치'를 제안하는 브랜딩 전략

종이 신문의 화려한 부활, 뉴욕타임스는 어떻게 디지털 혁신에 성공했을까?

레거시 미디어에서 디지털 미디어로 언론 환경이 급변하는 가운데 종이 신문 광고 수입에 크게 의존하던 전 세계 언론사들은 생존을 위해 디지털 전환에 뛰어 들었다. 하지만 많은 언론사들이 온라인에서 큰 성과를 거두지 못하던 중 미국의 일간지 뉴욕타임스(The New York Times)는 지난 2011년 온라인 기사 유료제를 도입한 이후 디지털 뉴스와 콘텐츠 강화를 통한 디지털 구독 모델을 성공적으로 실행하면서 종이 신문의 부활을 보여주고 있다.

월스트리트저널(WSJ)에 따르면 온라인과 종이 신문을 포함한 뉴욕타임스의 구독자 수는 2022년 말 기준으로 955만 명으로, 온라인 구독자 수가 전년 대비 100만 명 이상 증가했다. 여기서 주목할 점은 뉴욕타임스의 온라인 구독자 수가 880만 명으로, 전체 구독자 수의 90% 이상을 차지할 만큼 온라인 부문의 지속적인 성장이 구독자 수 확대에 큰 역할을 하고 있다는 것이다.

매출 실적에서도 뉴욕타임스는 두드러진 성과를 보여준다. 2022년 4분기에 온라인 구독으로 올린 매출은 2억 6900만 달러(약 3389억 원)로 전년도 같은 기간에 비해 31%나 증가했다. 또한 지난 2020년 처음으로 온라인(디지털) 구독과 광고 매출이 종이 신문 구독과 광고 매출을 넘어서는 등 뉴욕타임스는 현재까지 성공적인 디지털 혁신을 보여주고 있다.

뉴욕타임스는 심층 탐사 보도와 양질의 기사에 집중하면서 '사람들이 비용을 지불하고서도 뉴욕타임스의 기사를 읽고 싶게 만드는 저널리즘', 즉 고품질의 저널리즘을 지향한다. 이렇게 고품질의 저널리즘을 목표로 하는 뉴욕타임스의 미션은 타 언론사와 확실한 차별화를 보여주고 있는 브랜딩 전략에서도 확인할 수 있다. 뉴욕타임스가 최근에 진행한 주목할 만한 브랜드 캠페인 케이스를 통해 뉴욕타임스가 어떻게 저널리즘의 가치를 제안하고 있는지 그 브랜딩 전략을 살펴보자.

"우리의 비전은 세계를 이해하고 참여하려는, 호기심 많고 영어를 구사하는 모든 사람들에게 필수적인 구독이 되는 것입니다."

진실을 찾아내는 것은 어렵다
'The Truth Is Hard' (2017)

지난 2017년 트럼프 미국 대통령은 대선 전부터 언론사에 대한 부정적인 입장을 드러냈고 대통령에 당선된 이후에도 여러 뉴스 매체를 '가짜 뉴스'라고 언급하는 등 다수의 언론사를 '미국 국민의 적'이라고 부르며 적대적인 언론관을 지속적으로 표출했다. 미국 대통령이 '언론과의 전쟁'을 공개적으로 선포한 가운데 뉴욕타임스는 글로벌 광고 대행사 드로가5(Droga5)와 함께 10년 만에 뉴욕타임스의 브랜드 캠페인 'Truth Is Hard(진실은 어렵다)'를 전개했다.

여기서 뉴욕타임스가 10년 만에 신문사로서 브랜드 캠페인을 진행한 배경에 주목할 필요가 있다. 뉴욕타임스는 트럼프 미국 대통령이 자사를 포함해 미국의 주요 언론사들에 대해 부정적인 태도를 지속적으로 드러내는 상황에서 언론사로서 '자유 언론의 역할'과 '사실 보도의 중요성'에 대해 적극적인 입장을 표현하고 독자들이 진실을 찾을 수 있는 곳이 있다는 점을 알리고자 했다.

뉴욕타임스는 '진실을 찾는 것은 어렵지만 정말로 중요하다'라는 메시지를 담은 뉴욕타임스의 첫 TV 광고를 오스카 시상식을 통해 공개했고, 이어 일주일간 전국적으로 TV 광고를 진행하며 디지털 광고, 소셜 미디어, 인쇄 및 옥외 광고 등을 통해 통합적인 캠페인을 전개했다.

또한 뉴욕타임스의 포토 저널리스트인 테일러 힉스(Tyler

Hicks)와 브라이언 댄턴(Bryan Denton)이 그리스의 난민 위기와 이라크 전쟁을 취재하며 직접 촬영한 사진과 영상을 활용한 2편의 광고를 제작해 공개했다. 광고의 연출은 영화 〈블랙 스완〉, 〈재키〉 등을 연출한 유명 영화감독 대런 아로노프스키가 맡았다.

진실은 어렵다.

진실은 숨겨져 있다.

진실은 추구되어야 한다.

진실은 듣기 어렵다.

(중략)

진실은 빨간색이냐 파란색이냐가 아니다.

진실은 받아들이기 어렵다.

진실은 강력하다.

진실은 공격받고 있다.

진실은 지킬 가치가 있다.

진실은 입장을 취할 필요가 있다.

진실은 지금 그 어느 때보다 중요하다.

뉴욕타임스는 이 캠페인을 통해 도처에 잘못된 정보가 만연하고 언론사에 대한 신뢰에 심각한 문제가 발생한 상황에서 양질의 저널리즘이 중요한 이유를 전 세계에 알리고자 했다. 또한 뉴욕타임스가 진실을 찾기 위해 많은 노력과 헌신을 하고 있는 '전 세계 수천 명의 저널리스트들에게 비용을 지불하고 있다'는 사실을 독자들에게 특별하게 상기시켰다. 이를 통해 독창적이고 차별화된 고품질의 저널리즘을 사회에 제공하기 위해서 '더 많은 사람들이 뉴욕타임스를 구독해야 한다'는 메시지를 설득력있게 전달했다.

10년 만에 글로벌 광고 대행사와 손을 잡고 전개한 뉴욕타임스의 캠페인은 큰 성과를 만들어냈다. 뉴욕타임스의 이야기에 많은 미디어와 여론이 주목했고, 캠페인 전개 전 6주 동안 뉴욕타임스가 확보한 유료 구독자 수보다 캠페인 전개 후 24시간 만에 더 많은 유료 구독자를 확보하는 등 디지털로의 구독자 전환에도 큰 성공을 거두었다.

진실은 그럴 만한 가치가 있다
‘The Truth Is Worth It’ (2018)

지난 2018년 론칭한 뉴욕타임스의 ‘The Truth Is Worth It(진실은 그럴 만한 가치가 있다)’ 캠페인은 진실을 향해 찾아 나서는 저널리스트들의 취재와 탐사의 실제 과정들을 소개하면서 끈질기고 혹독하며 엄격한, 저널리즘의 가치를 이야기했다.

캠페인에서는 트럼프 대통령의 상속세 탈세(4,600억 편법 상속), 이슬람 무장단체 IS테러 입증 파일 입수, 스파이웨어를 이용한 텍사스 정부의 언론인 사찰, 미얀마 소수 민족 로힝야족에 대한 무자비한 탄압, 불법 이민자 부모와 미성년 자녀를 분리 수용하는 미국 정

The truth is worth it.

The New York Times

부의 강경한 '가족 분리' 방침 보도 등 총 5가지 이슈에 대한 진실을 찾아가는 뉴욕타임스 기자들의 냉철하고 혹독한 심층 탐사 보도의 과정들을 생생하면서도 감각적인 영상으로 소개하며 '독자에게 가치가 있는 저널리즘을 향한' 뉴욕타임스의 의지를 설득력 있게 전달했다.

여기서 뉴욕타임스가 광고에서 이야기하는 '가치(Worth)'라는 단어에 주목할 필요가 있다. 뉴욕타임스의 'The Truth Is Worth It' 캠페인의 슬로건에서 '가치가 있다'는 것은 '구독자들이 돈을 내고 구독해도 될 만한, 더 나은 삶을 살 수 있도록 도와주는 가치가 있다'라는 것을 의미한다. 즉 언론사로서 '진실을 알려야 한다'라는 저널리즘 가치를 넘어 '독자가 더 나은 삶을 살 수 있는 이야기를 전하는 뉴욕타임스가 추구하는 가치'를 이야기하며 뉴욕타임스의 유료 기사 구독을 제안하는 것이다. 이 캠페인은 2019년 칸 라이언즈에서 필름 크래프트(Film Craft) 부문과 필름(Film) 부문 등 2개 부문에서 그랑프리를 수상하며 호평을 받았다.

독자의 삶을 더 풍요롭게 만드는 '독립 저널리즘'의 힘 'Independent Journalism for an Independent Life' (2022)

뉴욕타임스가 2022년에 선보인 브랜드 캠페인 'Independent Journalism for an Independent Life(독립적인 인생을 위한 독립 저널

리즘)'에서는 기존 캠페인이 뉴욕타임스의 탐사 보도와 저널리스트에 초점을 맞추었던 것과 달리 뉴욕타임스와 구독자와의 관계에 보다 집중했다. 뉴욕타임스의 저널리즘이 독자들의 특별한 삶에 영감을 주는 방법을 조명하는 캠페인에서 사람들이 자신의 호기심을 탐색하거나 관심을 확장하려는 순간, 독자의 삶을 더 풍요롭게 만드는 언론사로서 뉴욕타임스의 영향력을 조명했다.

뉴욕타임스는 심도 있는 뉴스, 탐사 보도 기사를 읽고 싶어하는 구독자뿐 아니라 다양한 문화, 스타일, 음식, 게임 등에 대한 기사

The New York Times

Becky is Big Appetite. *Little Flash and Lots of Introspection.* ***Living in the Big Quit***. Discovering Ricotta. Speaking God's Language, With a Gangster Dialect. Goths at Disneyland. **A Fly in Our Bubble**. *Reinventing the Power Suit.* Who Made Those Stilettos? **How to Host a Dinner Party and Actually Enjoy It.** A Delicious Escape. ***Big Candy Is Angry***. Analyzing Your Couch. *Connecting Children to Their Heritage.* **Raising a Daughter With Grit**. Independent journalism for an independent life.

를 읽기 위해 뉴욕타임스를 찾는 구독자들의 이야기를 소개하며 사람들이 자신의 호기심을 탐구하고 관심을 넓히려는 순간 뉴욕타임스가 구독자들의 고유한 삶에 의미있는 영감을 주고 그들의 삶을 더 풍요롭게 만들어 주는 '저널리즘의 가치'를 새로운 관점에서 전했다. 뉴욕타임스의 구독자들이 누구인지, 어떤 생각을 갖고 있는지, 구독자들이 관심을 갖는 이야기가 어떻게 그들의 삶에 영감을 주고 있는지에 초점을 맞추며 뉴욕타임스의 구독을 제안했다.

뉴욕타임스만 읽지 마세요. 경쟁사 매체도 구독하세요.
'Read More. Listen More.' (2018)

> "뉴욕타임스만 읽지 마세요.
> 월스트리트 저널도 읽고 CNN도 시청하고…
> 더 많이 읽고 듣고 시청하세요."

자신이 좋아하거나 유사한 생각을 가진 사람들하고만 소통하면서 편향된 사고를 갖는 현상을 '에코 챔버(echo chamber)'라고 한다. 요즘처럼 불확실성이 커진 시대에 경계해야 할 것은 다양한 정보나 지식의 소스가 아닌 지나치게 좁은 미디어나 매체를 통해 얻은 지식이나 정보들이 마치 모두 진실이며 그것이 전부 옳다라고 생각하는 사고의 '지나친 편협함'이 아닐까?

지난 2018년 미국의 일간지 뉴욕타임스는 세계 언론 자유의 날

(World Press Freedom Day)을 맞아 그런 '편협함'에 대해 분명한 목소리를 내는 캠페인을 진행했다. 독자들에게 뉴욕타임스의 기사만 읽지 말고 다양한 일간지와 방송사 등 경쟁 언론사의 기사와 보도를 읽고, 듣고, 시청하여 더 나은 정보를 축적하고 사회와 세상을 바라보며 이해하는 관점을 보다 넓힐 것을 제안한 것이다.

이와 더불어 뉴욕타임스는 저명한 언론사들에게 경쟁적이고 이념적인 차이를 제쳐두고 다양한 언론사의 기사를 보고 들으며 '사고와 관점의 폭을 넓히자'는 캠페인에 동참할 것을 요청했다. 그리고 다른 언론사들을 캠페인에 적극적으로 참여시키기 위해 광고 제작물에 적용할 수 있는 템플릿을 만들어 제공했고, 각 언론사가 제작한 간행물은 그 언론사가 소유권을 가질 수 있도록 했다.

The New York Times

SPECIAL OFFER

Unlimited access to all the journalism we offer.

~~$2~~ $0.50/week

Billed as ~~$8~~ $2 every 4 weeks for one year.

SUBSCRIBE NOW

Interested in digital + print?

No commitment required. Cancel anytime.

Limited time offer. This is an offer for a Basic Digital Access Subscription. Your payment method will automatically be charged in advance every four weeks. You will be charged the introductory offer rate every four weeks for the introductory period of one year, and thereafter will be charged the standard rate every four weeks until you cancel. Your subscription will continue until you cancel. **You can cancel anytime.** Cancellations take effect at the end of your current billing period. The Basic Digital Access Subscription does not include e-reader editions (Kindle, Nook, etc.), NYT Games (the Crossword) or NYT Cooking. Mobile apps are not supported on all devices. These offers are not available for current subscribers. Other restrictions and taxes may apply. Offers and pricing are subject to change without notice.

뉴욕타임스와 다양한 언론사가 함께한 '언론 자유의 날' 메시지는 전 세계적으로 반향을 일으켜 하루에 총 7억 2400만 건의 노출수를 기록할 정도로 대중과 미디어의 큰 주목을 받았고, 사고와 관점의 다양성을 갖는 것이 얼마나 중요한 것인지 폭넓게 알리는 데 성공했다.

뉴욕타임스는 2022년 1월, 미국의 인기 게임앱 '워들(Wordle)'의 인수를 공식적으로 알리는 글에서 '세상을 이해하고 관여할 방법을 찾고자 하는 모든 영어권 사람들의 필수 구독 매체'가 될 것이라고 밝혔다. 여기서 뉴욕타임스가 중요하게 생각하는 것은 구독자 관점에서의 '뉴스의 가치'다. 그래서 뉴욕타임스는 구독자들이 돈을 주고서도 읽을 만한 가치가 있는 '고품질의 뉴스를 제공하겠다'는 약속과 제안을 핵심 가치로 내세우며 브랜딩 전략을 전개하고 있다.

그리고 '저널리즘의 가치'를 설득력 있게 이야기하는 이러한 차별화된 브랜드 캠페인을 통해 돈을 내고 뉴스 콘텐츠를 구독하는 것에 대해 거부감을 가졌던 많은 사람들로 하여금 뉴욕타임스의 구독에 자신의 지갑을 열도록 만들었다. '진실을 추구하고 사람들이 세상을 이해하도록 돕는다'는 것을 브랜드의 중요한 미션으로 삼고 '뉴욕타임스를 구독하는 가치'를 설득력 있게 제안하는 뉴욕타임스의 브랜딩 전략을 통해 다른 언론사들과 뉴욕타임스가 근본적으로 다를 수밖에 없는 이유를 확인할 수 있다.

볼보 자동차는 어떻게 안전의 대명사가 되었을까?

볼보 자동차가 '안전성'을 포지셔닝하는 탁월한 브랜딩 전략

자동차를 탔을 때 우리가 가장 먼저 해야 하는 행동은 무엇일까? 당연하게도 안전벨트를 착용하는 일이다. 그런데 현재 우리에게 익숙한 안전벨트의 모습은 과거에는 꽤 달랐다. 안전벨트가 처음 자동차에 도입된 것은 1936년. 당시에 도입된 안전벨트의 형태는 마치 비행기의 안전벨트처럼 골반만 감싸는 방식의 '2점식 안전벨트'였다.

그렇다면 현재 대부분의 자동차에 쓰이는 '3점식 안전벨트'는 누가 발명했을까? 바로 스웨덴의 볼보 자동차다. 1959년에 볼보 자동차는 이전까지 쓰이던 2점식 안전벨트가 아닌 어깨를 대각선 방향으로 가로질러 상체 전체를 지지하고 허리를 감싸주는 형태의 새로운 안전벨트를 개발했다. 그리고 보다 많은 사람들의 안전을 위해 특허 독점을 통해 얻을 엄청난 이익을 포기하고 전 세계 모든 자동차 브랜드가 볼보에서 개발한 3점식 안전 벨트의 기술을 무상으로 사용할 수 있도록 공개했다.

인류 역사상 가장 많은 생명을 구한 발명품으로 평가받는 3점식 안전벨트의 발명과 대가 없는 특허 기술의 공개는 볼보 자동차가 가장 중요하게 생각하는 원칙이 '운전자의 생명과 안전'이라는 점을 전 세계에 알리는 결정적인 계기가 되었다. 하지만 단순히 3점식 안전벨트를 개발했다는 사실만으로 볼보 자동차가 수십 년이 지난 지금까지 안전의 대명사로서 확고한 브랜드 이미지를 가질 수 있었을까? 볼보 자동차가 전 세계 수많은 자동차 브랜드 중에서도 '가장 안전한 자동차'라는 브랜드 이미지를 구축할 수 있었던 것은 '자동차 안전을 위한 혁신'을 기업의 핵심 가치로 내세우며 모든 브랜딩 전략을 여기에 집중했기 때문이다. 지금부터 마케터의 시선으로 볼보 자동차가 어떻게 지금까지 '안전의 대명사'로 자리매김할 수 있었는지 탐색해 보고자 한다.

100만 명의 생명을 더 구하겠다는
볼보 자동차의 공개 선언
'A Million More' (2020)

지금은 자동차를 탈 때 누구나 안전벨트를 착용하는 것이 너무나 당연한 일이 되었지만 볼보가 처음 3점식 안전벨트를 개발했을 당시에는 많은 자동차 기업들과 여러 국가의 안전 기관으로부터 부정적인 평가를 받았다. 2점식 안전벨트보다 착용이 불편하고 자동차 충돌 시 운전자와 탑승자를 보호하는 효과가 충분히 검증되지 않았다는 이유 때문이었다. 이에 볼보는 수많은 모의 충돌 시험을 진행하며 3점식 안전벨트가 기존 안전벨트보다 탑승자를 보호하는 데 보다 우수하다는 결과를 공개했고, 1963년부터 미국을 비롯한 여러 국가에서 볼보의 안전벨트가 도입되었다.

볼보가 개발한 3점식 안전벨트가 세상에 선보인 지도 어느덧 60년이 지났다. 이 안전벨트는 지금까지 100만 명이 넘는 사람들의 생명을 구하는 데 기여를 했다고 알려졌다. 그래서 지난 2020년 볼보는 'A Million More'라는 타이틀의 캠페인을 통해 볼보 자동차의 기술로 100만 명의 생명을 더 구하겠다는 자동차 기업의 미션을 다시 한번 강조했다. 안전벨트 덕분에 실제 자동차 충돌 사고에서 목숨을 구한 생존자들의 이야기를 들려주고, 지금까지 안전벨트가 수많은 사람들의 목숨을 구한 것처럼 앞으로도 새로운 자동차 기술을 도입해 더 많은 100만 명의 목숨을 구하겠다는 미션을 캠페인을 통해 공개적으로 선언한 것이다.

볼보는 2021년부터 출시되는 모든 신차의 최고 속도를 시속 180km로 제한하는 기술을 적용했으며, 술이나 약물에 취하거나 부주의한 운전자의 주행을 제안할 수 있도록 차량 내부를 촬영하는 카메라를 도입하겠다고 밝혔다. 아무리 안전을 위해서라도 자동차의 속도를 제한하고 차량 내부를 촬영하는 일이 많은 사람들의 반대를 불러일으킬 수 있다는 점을 볼보 자동차가 모를 리가 없었다. 하지만 과거 3점식 안전벨트가 개발 당시 많은 사람들에게 의심과 비판을 받았지만 결국 100만 명의 목숨을 구할 수 있었던 것처럼, 세상을 바꾸는 아이디어에는 논란이 있을 수 있으며 볼보는 단 한 사람의 생명이라도 구할 수 있다면 그것을 감수할 가치는 충분하다고 주장한다. 그리고 나아가 이를 '볼보 자동차를 운전하는 그 누구도 목숨을 잃거나 큰 부상을 당하게 하지 않겠다'는 브랜드 미션으로 확장했다.

세상을 바꾸는 아이디어들은 종종 논란이 되곤 합니다.

3점식 안전벨트를 처음 세상에 선보였을 때,

우리는 많은 비난에 부딪혔습니다.

하지만 그 이후로 지금까지 100만 명 이상의 생명을 구했습니다.

이제 다음 단계로 나아갈 때입니다.

우리 모두의 안전을 위해.

볼보 자동차의 이색 셀카 리서치 소셜 캠페인 '#SelfieForSafety' (2019)

2019년에 볼보 자동차는 좀 더 특별한 방식으로 안전벨트에 대한 이슈를 마케팅에 활용했다. 바로 사람들의 셀카를 조사하는 리서치 캠페인을 진행한 것인데, 자동차 기업이 왜 사람들의 셀카에 대해 관심을 가졌을까? 여기서 이야기하는 셀카는 우리가 일반적으로 알고 있는 셀카와는 조금 다르다. 자동차에서 안전벨트를 착용한 상태에서 셀카를 찍는 것이다. 볼보는 사람들에게 안전벨트를 착용한 셀카를 찍고, #SeflieForSafety라는 해시태그를 사용해 볼보의 계정을 태그한 다음 인스타그램에 사진을 올리도록 요청했다. 안전벨트를 착용한 다양한 셀카 사진들을 모아 사람들이 어떻게 안전벨트를 착용하고 있는지, 안전벨트의 사용 정보를 중요한 연구 자료로 수집하는 것이 목적이었다.

그 결과 700명이 넘는 사람들이 안전벨트를 착용한 셀카를 인

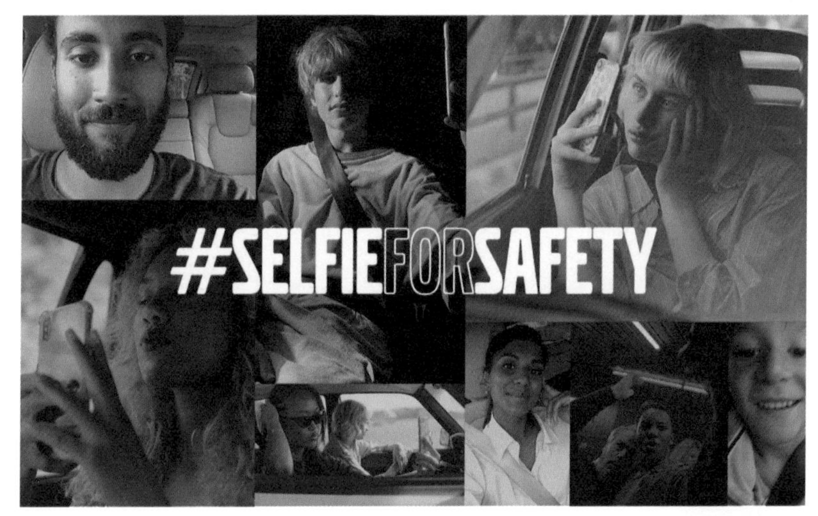

스타그램에 올렸고, 볼보는 그 중에서 394명의 사진을 안전벨트 착용 실태를 조사하기 위한 연구 자료로 활용했다. 볼보 자동차 연구소인 세이프티 센터(Safety Centre)는 사람들의 셀카 사진에서 안전벨트가 몸에 어떻게 배치되어 있는지를 면밀하게 조사해 10명 중 4명이 안전벨트를 제대로 착용하지 못하고 있다는 점을 발견했다. 그래서 볼보 자동차는 안전벨트를 정확하게 착용하는 방법을 담은 가이드 영상을 제작하여 셀카를 제공한 사람들에게 배포하고, 프로젝트의 모든 과정들과 연구 조사 결과를 담은 리포트(Safety Report)를 제작해 모든 내용을 공개했다. 이러한 볼보의 크라우드 소싱 연구 프로젝트는 볼보 자동차가 안전벨트에 얼마나 진심인가를 사람들에게 다시 한번 각인시키는 계기가 되었다.

도로 위 모든 사람들의 안전을 이야기하다
'For Everyone's Safety' (2020)

지난 2008년 볼보는 '비전 2020'이라는 선언을 발표하면서 '2020년까지 볼보 차량과 관련한 자동차 사고에서 사상자가 없도록 하겠다'는 안전에 대한 의지를 다시 한번 공표했다. 볼보 자동차의 안전 철학은 단순히 자동차 운전자와 탑승자를 보호하는 것에 그치지 않는다.

이것은 그냥 자동차가 아닙니다.
이것은 경험입니다.

완벽한 흐름의 상태
그리고 가벼운 움직임.

사이클리스트들이여,
거리는 당신의 것입니다.

VOLVO XC40
with Cyclist Detection.

볼보는 자전거 운전자를 포함해 차량 외부의 모든 사람들의 안전까지도 보호하는 것을 중요하게 생각하며, 안전에 대한 철학을 탑승자에서 보행자로 확장시키고 있다. 차량 내부의 승객뿐만 아니

라 차량 외부의 모든 사람도 보호해야 한다는 볼보의 이러한 철학은 혁신적인 자동차 안전 시스템을 개발하게 한 원동력이 되었다. 볼보 자동차가 지난 2008년 세계 최초로 개발한 '시티 세이프티(City Safety)'가 바로 볼보의 대표적인 안전 시스템이다. 사고 위험 시 차량 속도를 줄여 전방의 차량, 보행자, 자전거 이용자, 대형 동물과의 충돌을 피할 수 있는 자동 긴급 제동 시스템으로 볼보는 지난 2008년부터 XC60 1세대를 시작으로 '시티 세이프티'를 모든 차량에 기본으로 장착하고 있다.

자동차 기술이 발전하면서 자동차 운전자나 탑승자는 더욱 안전해졌지만 보다 많은 사람들이 자동차를 이용하게 되면서 도시의 거리나 도로 등 차량 외부에 있는 사람들의 사고 가능성은 더 많아졌다. 그래서 볼보는 안전에 대한 이슈를 자동차 내부에 있는 사람뿐 아니라 '자동차 외부에 있는 모든 대상자까지 확장한다'는 브랜드의 미션을 광고에서도 특별한 방식으로 담아냈다. 광고는 볼보 자동차가 차량 탑승자의 안전뿐 아니라 '도로 위의 모든 사람들의 안전을 위한 자동차'라는 점을 강조한다.

도시는 당신의 것입니다.
도심 구석구석… 건널목…
모든 건물… 그리고 이웃들.

보행자들이여,
거리는 당신의 것입니다.

모두의 안전을 위해.
For Everyone's Safety.

보통 일반적인 자동차 브랜드 광고에서는 자동차 내부에 있는 운전자나 탑승자를 조명하면서 자동차의 디자인이나 기능을 강조하고 보여주는 것에 초점을 맞춘다. 하지만 볼보 자동차의 광고에서는 이처럼 자동차의 운전자나 탑승자가 중심이 아니라 자동차에 타고 있지 않은 사람들, 보행자, 러너, 사이클리스트 등 자동차로 인한 사고의 위험을 갖고 있는 사람들도 중요하게 다룬다. 이러한 볼보의 철학은 광고에서도 다른 자동차 브랜드와 전혀 다른 관점에서 볼보 자동차를 제안하게 만들고 있다.

자동차로 촬영한 세계 최초의 사진 전시회 'Volvo Moments(Feat. Barbara Davidson)' (2017)

볼보 자동차가 차량 내부의 승객뿐 아니라 차량 외부의 모든 사람도 보호하겠다는 의지를 매우 특별한 방식으로 보여주는 또 다른

케이스가 있다. 지난 2017년 볼보 자동차는 퓰리처상을 수상한 사진작가 바바라 데이비슨(Barbara Davidson)과 특별한 프로젝트를 진행했다. 새롭게 출시된 볼보 자동차 XC60의 보안 카메라 렌즈로 덴마크의 수도 코펜하겐 거리의 사람들을 촬영한 것인데, 사진작가가 자동차를 카메라로 사용한 것은 전례가 없던 시도였다.

볼보 자동차의 카메라 렌즈를 사용하는 새로운 시도에서 사진작가 바바라는 코펜하겐의 도시 생활을 30장의 사진으로 담았고 이 작품들을 가지고 유럽 주요 도시에서 자동차로 촬영한 세계 최초의 사진전을 개최했다. 이 30장의 사진들은 유럽의 복잡한 도시 환경에서 살고 있는 사람들의 모습을 생생하게 보여주며 볼보 자동차의 우수한 카메라 렌즈 기술을 증명했다. 또한 예술과 기술을 접목시킨 전시회를 통해 현대 도시에서 살아가는 모든 사람들의 삶을 더 안전하게 만들겠다는 볼보 자동차의 의지와 안전에 대한 약속을 보다 특별한 방식으로 선언하며 미디어의 관심을 이끌어내는 데 성공했다.

자동차는 모든 사람들을 보호할 수 있어야 한다
'The E.V.A. Initiative' (2019)

볼보 그룹은 1970년부터 별도의 교통사고 조사팀(Traffic Accident Research Team)을 자체적으로 구성하여 실제 도로에서 벌어지는 사고 현장을 찾아가 도로 및 교통 상황, 사고 원인과 피해 규모 등을 기록하며 연구를 하고 있다. 볼보의 교통사고 조사팀은 지금까지 7만 2000명 이상의 탑승자 데이터와 4만 3000건 이상의 자동차 사고 데이터를 수집했고 이 연구 데이터는 경추 보호 시스템(WHIPS), 측면 충돌 방지 시스템(SIPS), 사이드 에어백 등 다양한 안전 혁신 기술들을 개발하는 중요한 토대가 되었다.

혹시 동일한 모델의 자동차를 타고 똑같은 교통 사고의 상황을 겪게 되더라도 여성이 남성보다 부상의 위험이 더 높다는 것을 알고 있는가? 볼보 자동차는 자체 연구 조사를 통해 여성 운전자가 교통 사고를 당할 경우 남성에 비해 부상을 당하거나 사망하게 될 확률이 더 높다는 것을 확인했다. 왜냐하면 다수의 자동차 기업들이 자동차 안전·교통 사고 테스트를 할 때 사용하는 인체 모형(dummy)이 남성의 체형을 가지고 있어 이를 바탕으로 실험한 데이터를 활용해

차량을 제조하기 때문이다. 하지만 볼보 자동차는 다른 자동차 기업과 달리 모든 성별과 나이, 신체 크기 등을 고려한 다양한 인체 모형을 제작해 자동차 안전·교통 사고 테스트를 진행하고 연구 데이터를 확보했다. 그리고 이렇게 볼보 자동차가 축적해온 연구 결과를 자동차 업계뿐 아니라 디지털 라이브러리를 통해 대중에게 공개하고 여성 운전자를 위한 동일한 안전 보장의 필요성을 공론화했다. 그리고 이를 기반으로 글로벌 캠페인 'The E.V.A.(Equal Vehicles for All) Initiative'을 전개했다.

여성들이 자동차 안전에서 남성에 비해 어떻게 크게 소외되고 있는지를 공론화하기 위해 관련 데이터들을 디지털 휴먼이 등장하는 디지털 영상을 통해 소개했고, 온라인 플랫폼과 함께 옥외 광고와 인쇄 광고 등 통합적인 매체를 활용하며 '자동차는 모든 사람을 보호해야 하며', '모든 사람들을 위한 더 안전한 자동차'가 필요하다는 것을 전방위적으로 알렸다. 'The E.V.A. Initiative' 캠페인은 2019년 칸 라이언즈 그랑프리 등 주요 글로벌 광고제 수상작으로 선정되며 광고 업계에서도 큰 호평을 받았다.

볼보 자동차는 지난 1927년 스웨덴의 춥고 거친 날씨, 좋지 않은 도로 사정 등 열악한 환경에서 튼튼하고 안전한 자동차를 만들겠다는 목표로 탄생했다. 볼보 자동차는 지난 1999년 포드에 인수가 되었고 2010년에는 다시 중국 지리 자동차 그룹에 인수가 되었지만 다른 기업에 인수된 이후에도 많은 사람들이 그 사실을 전혀 모를 정도로 볼보는 북유럽을 대표하는 자동차 기업으로 인식되고 있다.

볼보 자동차가 지금까지도 여전히 사람들의 마음 속에 북유럽

스웨덴의 '가장 안전하고 튼튼한 자동차'로 자리 잡게 된 것은 '사람들의 안전을 가장 중요하게 생각한다'는 브랜드 미션을 실천하는 것에 집중하며 지속적인 브랜딩 전략을 실행해 오고 있기 때문이다.

마케팅에 관심이 많은 사람이라면 '포지셔닝(Positioning)'이라는 마케팅 용어를 다들 알고 있을 것이다. 포지셔닝이란 '하나의 제품이나 서비스, 혹은 회사를 소비자들의 인식 속에 특정한 이미지로 자리 잡게 하는 일, 또는 전략'을 의미한다. 또한 브랜드가 다른 경쟁사와 비교했을 때 소비자에게 어떤 차별화된 경쟁력을 갖고 있는가에 관한 것으로 이른바 경쟁 우위의 원천이 되는 것이다.

볼보 자동차가 사람들의 마음 속에 '안전에 진심인 자동차 브랜드'라는 이미지를 만들어내는 데 성공한 이유는 안전에 관한 확고한 브랜드 철학과 자동차 기술을 일관되고 변함없이, 그리고 남다른 방식으로 제안하고 증명해 보였기 때문이다. 그것이 바로 볼보 자동차와 다른 자동차 기업을 확실히 구분하게 만드는 차별화된 브랜딩 전략이다. 브랜드의 신념과 철학이 달라지면 브랜딩 전략도 완전히 달라진다는 것을 볼보 자동차의 다양한 캠페인을 통해 확인할 수 있다.

넷플릭스,
이야기가 세상을 바꾼다

넷플릭스는 '스토리의 힘'을
어떻게 이야기할까?

지난 1997년 작은 비디오 대여 업체로 시작한 넷플릭스(Netflix)는 DVD 대여 사업을 거쳐 현재 세계 최대 규모의 온라인 스트리밍 서비스(OTT) 기업으로 성장했다. 2007년부터는 가입자가 구독료를 내면 PC로 콘텐츠를 즐길 수 있는 스트리밍 서비스를 시작했고, 이후 2002년 기준 79만 명이었던 넷플릭스의 가입자 수가 2023년 2분기 기준 2억 3839만명으로 크게 증가했다. 이러한 넷플릭스의 성장 속에는 오리지널 콘텐츠의 흥행이 큰 역할을 했다.

OTT 기업 최초로 오리지널 영화와 드라마 등 자체 콘텐츠 제작을 시작한 넷플릭스는 드라마 〈하우스 오브 카드〉의 성공을 기반으로 오리지널 콘텐츠 제작에 꾸준하게 투자했고, 〈종이의 집〉, 〈기묘한 이야기〉, 〈브리저튼〉, 〈킹덤〉, 〈오징어 게임〉 등 오리지널 독점 콘텐츠의 흥행과 라이센스 콘텐츠의 큰 인기로 OTT를 대표하는 글로벌 1위 브랜드가 되었다.

넷플릭스의 성장 전략을 살펴보면 온라인 스트리밍 시장 경쟁에서 주도권을 잡기 위해서는 결국 고품질의 오리지널 콘텐츠가 무척 중요하다는 결론에 이르게 된다. 그래서 넷플릭스는 '넷플릭스를 통해 발견하고 경험하게 되는 이야기의 힘과 가치'를 브랜드의 핵심 경험으로 내세우며, 넷플릭스의 콘텐츠가 사람들에게 필요한 이유를 지속적으로 제안하고 있다. 이 장에서는 넷플릭스가 어떻게 '이야기의 힘'을 브랜딩 전략으로 다루고 있는지 탐색해 보고자 한다.

이야기는 서로를 더 가깝게 만든다
넷플릭스 글로벌 캠페인 'One Story Away' (2020)

> 모든 이야기는 여행입니다.
> 그리고 더 많이 볼수록 더 많이 알게 될 것입니다.
> 우리는 한 층밖에 떨어져 있지 않습니다.

넷플릭스는 지난 2020년 9월, 브랜드 론칭 이후 처음으로 전 세계에서 동시에 전개되는 글로벌 캠페인을 시작했다. 넷플릭스가 전하고자 하는 '이야기의 힘'을 강조하기 위해 전 세계 27개국 시장에서 론칭한 'One Story Away(우리는 한 층밖에 떨어져 있지 않다)' 캠페인은 넷플릭스의 콘텐츠가 어떻게 사람들에게 서로 다른 감정을 불러일으키고 새로운 관점을 제공하며, 서로를 더 가깝게 느끼도록 하는지를 특별하게 조명했다.

시작,
미지의 세계로의 첫걸음.

(중략)

아마 당신은 당신의 사랑이 드러난다는 것이
어떤 느낌인지 모를 수도 있습니다.
처음으로 사랑에 대해 배우는 것을
또는 자신을 사랑하는 법을 배우는 것을
모를 수도 있습니다.

아마 당신은 자신이 저지르지도 않은 범죄로
감옥에서 생활하는 것이 어떤 것인지
모를 수도 있습니다.

또는 세상을 잃고, 세상을 뒤집고, 세상을 지키고
세상을 이끈다는 것이 어떤 느낌인지
아마 당신은 모를 수도 있습니다.

물론 당신이 모르는 것이 많을 수도 있지만
바로 그것이

이야기를 볼 만한 가치가 있게 만드는 것입니다.

결국 우리는 한 층밖에

떨어져 있지 않기 때문입니다.

(Because in the end We're only one story away.)

'One Story Away' 캠페인에서 특히 시선을 끌었던 것은 넷플릭스 콘텐츠를 재생할 때 공통적으로 하단에 나타나는 '빨간 줄'을 미니멀한 시각적 기호로 활용했다는 점이다. 이는 넷플릭스의 이야기를 통해 수많은 사람들이 연결이 되고, 콘텐츠를 재생하는 동안 시청자(구독자)들은 완전히 다른 방식으로 세상을 볼 수 있다는 점을

특별하게 강조한 것이다. 'One Story Away'라는 캠페인의 타이틀에서 Story는 두 가지의 이중적인 의미를 지닌다.

하나는 스토리, 즉 이야기. 또 하나는 층 또는 계단이라는 의미로, 사람과 사람 간의 거리를 의미한다. 넷플릭스의 이야기(story)는 한 사람이 다른 사람의 세계(층, 계단)로 진입하게 되는 입구이며, 그 이야기를 통해 다른 관점과 방식으로 세상을 보게 되고, 이는 한 사람과 수많은 사람들을 연결하게 만드는 '가치'를 만들어낸다는 것을 시각적인 상징으로 보여주고자 한 것이다.

넷플릭스는 심플하면서도 사용자들에게 익숙한 디자인을 활용해 전 세계 넷플릭스 구독자들에게 넷플릭스의 콘텐츠가 만들어내는 '연결의 힘'을 알렸다. 더불어 넷플릭스의 캠페인에서 주목할 만한 점은 글로벌 캠페인과 함께 철저한 현지화 전략을 통한 커뮤니케이션을 동시에 진행하고 있다는 것이다. 각 국가에서 제작된 오리지널 시리즈나 지역별로 큰 인기를 얻은 오리지널 콘텐츠들을 소재로 한 다양한 광고를 로컬 시장에 따라 다르게 제작하여 마케팅에 활용하는 것이다.

이야기가 있다. 이야기로 잇다.
넷플릭스 코리아 'One Story Away' (2020)

넷플릭스의 글로벌 캠페인 'One Story Away'는 한국에서 '이야기가 있다. 이야기로 잇다'로 번역되었다. 이 광고의 카피는 넷플릭스의 오리지널 영화 〈옥자〉에서 옥자의 목소리 역으로 출연한 배우 이정은의 목소리로 전달되어, 넷플릭스의 콘텐츠가 사람들을 하나로 이어준다는 메시지를 전했다.

> 넷플릭스를 플레이하는 순간
> 몰랐던 이야기가 시작됩니다.
> 궁금하지 않나요?
>
> (중략)

느껴보세요.

온 세상이 뒤집히는 순간

주인공이 된 기분을!

온 세상과 우리는

이야기로 이어집니다.

이야기가 있다.

이야기로 잇다.

혼자가 아니다. 세상이 있다.
넷플릭스 재팬 'One Story Away' (2020)

한편 일본에서는 앞에서 소개한 넷플릭스의 글로벌 캠페인을 한국과는 또 다른, 일본의 정서에 맞는 새로운 버전으로 제작했다. 우리는 모두 외톨이가 아니며, 나와 누군가를 연결하는 이야기의 힘을 강조하는 캠페인이었다.

시작과 끝.
그 사이에 있는 뭔가, 그 무엇인가가
떨어져 있는 사람들을 가깝게 한다.

나와는 다른 세상을 보는 것.
기쁨과 두려움을 함께 나누는 것.
모든 것을 움직이는 힘을 아는 것.

당신은 반드시 뭔가를 얻는다.
여행 같은 이 선 안에서.

(중략)

이 선에는 누구나 사는 스토리가 있다.
시작에서 끝을 향해 가는 가운데
당신도 분명 알게 된다.

線を超えるもの
ひとりじゃない、世界がある。
NETFLIX

아무리 떨어져 있고

아무리 달라도

스토리를 재생하면

우리는 혼자가 아니다.

이야기는 계속되어야 한다

넷플릭스 재팬 '재생의 시작' / '재생과 상생' (2021)

넷플릭스 재팬은 일본에서 코로나 확산으로 사회적 거리두기가 큰 이슈였던 지난 2020년 연말과 2021년 신년 시즌에 걸쳐 글로벌 캠페인의 현지화가 아닌 오직 일본에서만 진행하는 대규모 로컬 캠페인을 전개했다.

마치 세계의 모든 것이
멈춰버린 것 같았다.
그렇지만 인간의 상상력은
어떤 때에도 멈추지 않았다.

세계에는 새로운 이야기가
계속해서 태어나고 있다.
본 적 없던 세계가
계속해서 넓어지고 있다.

당신이 버튼을 누르면 세계는
다시 한번 시작된다.
몇 번이고 시작된다.

재생의 시작 (再生のはじまり).

혼자가 아니다.
세계가 있다.

이 캠페인의 핵심 메시지는 바로 '재생(再生)'이다. 넷플릭스 재팬은 이 캠페인을 통해 '재생'이라는 키워드의 이중적인 의미를 해석해 활용했다. 하나는 넷플릭스에서 콘텐츠 영상을 시청하는 '재생(PLAY/플레이)'이라는 의미, 또 하나는 코로나로 완전히 중지되어 버린 '일상으로 돌아간다(회복)'를 의미하는 것이다. 그리고 이 두 개의 키워드를 하나의 메시지로 연결하고자 했다.

넷플릭스는 TV 광고뿐 아니라 도쿄, 오사카, 나고야, 후쿠오카의 주요 도시에 '재생'이라는 키워드를 활용한 옥외 광고를, 2020년의 마지막 날인 12월 31일에는 신문 광고까지 함께 집행했다. 그리고 2021년 1월, 연말에 진행된 '재생의 시작(再生のはじまり)'편에 이어 '상상과 재생(想像と再生)' 편을 연결해 진행했는데, 이 캠페인에서는 넷플릭스의 콘텐츠 제작 과정, 비하인드 장면들을 담아내며 2021년에도 계속해서 사람들의 상상력을 자극하는 작품들을 계속해서 선보

이겠다는 넷플릭스의 약속과 비전을 보다 구체적으로 보여주었다.

상상에서 나오는 것이
먼 곳의 누군가와 당신을 연결한다.
모르는 세상을 볼 때마다
마음은 강하게 움직이기 시작한다.

새로운 한 해,
새로운 세상.

상상하는 것.
세상은 거기에서 다시 시작된다.

想像と再生
ひとりじゃない、世界がある。
NETFLIX

혼자가 아니다.

세계가 있다.

사람들이 이야기에 참여하도록 만들어라!
넷플릭스가 옥외 광고를 활용하는 방법

당신의 꿈을 포기하지 마세요. 우리도 DVD로 시작했습니다.

(Don't give up on your dreams. We started with DVDs.)

미국 LA 선셋 스트립에 넷플릭스가 설치한 옥외 광고를 처음으로 알게 된 것은 바로 이 멋진 메시지 때문이었다. 2021년 9월에 시작된 넷플릭스의 옥외 광고는 넷플릭스의 콘텐츠와 관련된 내용을 짧게 메시지로 다루는데, 이 메시지는 매주 월요일마다 바뀐다(이 옥외 광고를 위해 넷플릭스는 6명의 작가를 모았다고 한다). 매주 계속해서 다른 메시지를 이야기하는 넷플릭스의 옥외 광고는 큰 주목을 받으며 글로벌 및 로컬 미디어에 소개가 되었고, 소셜 미디어에서도 수많은 사람들에게 공유되며 많은 화제를 모았다.

그런데 넷플릭스의 이 옥외 광고에서 주목할 점은 이것이 단순히 브랜드의 홍보를 위해서가 아니라 넷플릭스의 이야기에 사람들이 참여하도록 유도하고 활발한 대화를 만들어내기 위해 기획되었다는 것이다. 넷플릭스가 오리지널 콘텐츠와 관련된 재미있는 이야기를 짧은 메시지에 담아 옥외 광고에 게재하고, 이를 다시 소셜 미

디어를 통해 공개하면 사람들이 실시간으로 반응을 하게 된다. 이를 통해 사람들로 하여금 넷플릭스 콘텐츠에 대해 적극적으로 대화를 하도록 만드는 것이 바로 이 넷플릭스 선셋 스트립 옥외 광고의 중요한 목적이다. 넷플릭스의 구독을 직접적으로 제안하기보다는 넷플릭스 콘텐츠와 관련된 다양한 대화를 만들어 내는 것에 집중한 것이다.

2021년 9월에 옥외 광고를 시작한 이후(2022년 중순 시점 기준) 넷플리스는 단 하나의 광고판에서 5억 건 이상의 소셜 노출을 달성할 정도로 이 전략은 큰 입소문 효과를 만들어냈다. 광고에서 흔히 쓰이는 '인터렉티브(상호 작용)' 전략은 사용자가 디지털 기술이 적용된 미디어나 디바이스를 활용하는 활동을 통해서만 일어나는 것은 아니다.

이렇게 전통 매체인 옥외 광고를 활용하는 방식을 통해서도 브랜드의 이야기나 메시지에 사용자가 실시간으로 호응하고, 관심을 갖고 대화에 참여하는 효과적인 상호 작용을 만들어낼 수 있다. 그런 점에서 넷플릭스의 옥외 광고는 디지털은 아니지만 인터렉티브하게 활용되는 매체, 즉 '인터렉션'을 만들어내는 매체라고 할 수 있을 것이다.

> "이야기는 사람을 움직입니다.
> 이야기를 통해 우리는 더 많은 감정을 느끼고,
> 새로운 관점을 접하고,
> 서로에 대한 이해를 높일 수 있습니다."

넷플릭스는 '이야기는 사람을 움직이며, 더 많은 감정을 느끼게 하고, 새로운 관점을 만나도록 하며, 다른 사람에 대한 이해의 폭을 넓힐 수 있게 만든다'를 브랜드의 중요한 미션으로 삼고 있다. 여기서 넷플릭스가 가장 중요하게 생각하는 것은 바로 사용자 관점에서 넷플릭스의 콘텐츠가 전하는 이야기를 통해 사람들이 삶에서 경험하게 되는 의미 있는 변화다. 넷플릭스는 이야기가 사람들에게 온갖 종류의 감정을 불러일으키고, 전에 본 적이 없는 관점을 제공하며, 심지어 서로를 더 가깝게 느끼게 한다고 믿는다. 그래서 넷플릭스의 브랜딩 전략을 '넷플릭스에서 만날 수 있는 위대한 이야기를 통해 넷플릭스를 구독하는 모든 사람들의 삶에 의미있는 변화를 만들어내는 것'에 집중하는 것이다.

이케아가 브랜드의 변신을 실천하는 방법

가벼운 소비의 대명사였던 이케아는 어떻게 리브랜딩에 성공했을까?

1943년 작은 우편 주문 회사로 시작한 이케아(Ikea)는 '많은 사람들을 위해 더 좋은 생활을 만든다'는 비전을 바탕으로 현재 약 9500개의 다양하고 혁신적인 홈퍼니싱 제품과 솔루션을 제공하고 있다. 이케아는 북유럽 스타일의 실용적인 디자인과 기능을 갖춘 다양한 홈퍼니싱 제품을 소비자가 직접 운반하고 제작해 조립하는 DIY 판매 방식, 모든 구성품을 납작한 형태로 포장하는 '플랫 팻킹(Flat-Packing)'이라는 포장 방식을 통해 원가를 절감하고 고객에게 상품을 파격적으로 저렴한 가격에 제공했다. 그 결과 현재 전 세계 54개국에서 372개의 매장을 운영하는 세계 최대의 글로벌 홈퍼니싱 브랜드로 성장했다.

'보다 많은 사람들을 위해 멋진 디자인과 기능의 다양한 홈퍼니싱 제품을 합리적인 가격에 제공한다'는 이케아의 경영 철학은 쓸만한 품질의 가구를 저렴한 가격으로 구매하여 자주 바꿀 수 있는 리빙 브랜드의 대명사로 인식하게 만들었다. 하지만 '저렴하게 사서 부담없이 쓰고 빨리 바꾼다'는 이미지를 갖고 있던 과거와 달리 현재 이케아의 브랜드 이미지는 완전히 다르다. '많은 사람을 위한 더 좋은 생활을 만든다'는 초창기 이케아의 비전은 이제는 사람과 지구를 보호하는 '지속 가능성'을 중심으로 실현되고 있다.

이를테면 이케아의 모든 제품은 개발 단계에서부터 5가지 요소를 고려한다. 지속 가능성, 디자인, 기능, 품질, 낮은 가격. 이 5가지를 고려하는 '데모크래틱 디자인(Democratic Design)'을 통해 지속 가능한 성장을 만들어내는 것이 현재 이케아의 중요한 디자인 철학이 되었다. '재활용의 아름다운 가능성'에 대한 선언을 시작으로 어떻게 이케아가 '사람과 지구에 친화적인 이케아'가 되기 위해 노력해 왔는지, 과거부터 현재까지 이케아가 진행한 브랜드 캠페인을 통해 '이케아의 변신'을 살펴보자.

버려진 램프는 결코 불쌍하지 않다
'Ikea Lamp' (2002)

한 여자가 테이블 위에 켜진 램프로 다가오고, 전선을 뽑아 램프의 불을 끈 다음 램프를 들고 나간다. 여자는 집 앞 쓰레기통 옆에 램프를 두고 다시 집으로 들어간다. 집 앞에 버려진 램프. 비가 거세게 내리는 밤 버려진 램프의 모습과 여자가 새로운 램프를 사용하는 모습을 함께 보여주는데 마치 램프가 자신을 버린 주인을 처량하게 올려다 보는 것처럼 느껴진다. 주인에게 버림받은 램프에 대한 안타까운 마음이 드는 순간… 갑자기 한 남자가 등장해 말한다.

> "많은 사람들이 이 램프에 안타까운 마음을 가질 거예요.
>
> 그건 미친 겁니다. 이 램프는 감정이 없어요.
>
> 새것이 훨씬 더 좋아요."

그리고 이케아 로고와 함께 보이는 카피. 'Unboring(지루하지 않게).'

2002년 당시만 해도 미국 시장에서 이케아의 입지는 크지 않았다. 가격이 비싸고 내구성이 좋아 오래 사용할 수 있는 가구를 선호하던 미국인들에게 이케아는 그저 저렴한 가격에 쓸만한 품질의 가구를 판매하는 브랜드였다. 그런 이케아가 미국 시장에서 성공하려면 가구에 대한 미국인들의 인식을 바꾸는 일부터 시작해야 했다. 가구는 한번 구매하면 오래 사용해야 한다는 인식에서 벗어나 '언제든 쉽게 선택해서 구매하고 원할 때는 자주 바꿔 사용하는 것이 더 좋다'는 것을 광고를 통해 알리는 것이다.

이케아는 유명 글로벌 광고 대행사 크리스핀 포터+보거스키(Crispin Porter + Bogusky)와 손잡고 영화 〈존 말코비치 되기〉, 〈그녀

(her)〉 등을 연출했던 미국의 영화감독 스파이크 존즈에게 새로운 광고의 연출을 맡겼다. 이렇게 완성된 광고는 2002년 9월 미국 전역에 60개의 새로운 이케아 매장을 개장하는 것과 동시에 공개되어 미국 가구 시장의 트렌드를 획기적으로 바꾸는 데 큰 역할을 했다. 이케아는 미국인들에게 가구는 한번 구매하면 오래 사용해야 한다는 집착은 고정관념이며 '가구는 더 쉽게, 더 자주 바꿀 수 있는 소모품'이라는 점을 알리고 미국 소비자들의 인식을 변화시켰다.

그 결과 광고가 방영된 기간 동안 미국 시장에서 이케아 제품의 판매가 8% 증가할 정도로 대중적인 관심을 끌었으며, 비즈니스 측면에서도 새로운 구매를 창출하는 데 성공하여 이케아가 미국 시장에서 3위의 가구 브랜드로 도약하는 중요한 계기가 되었다.

버려진 램프가 다시 돌아왔다
16년 만에 제작된 이케아 광고의 속편
'Ikea Lamp 2' (2018)

그리고 그로부터 16년이 지난 2018년. 이케아의 광고는 길가에 버려진 채 비를 맞고 있는 빨간색 램프의 모습을 다시 보여주면서 시작된다. 램프가 쓰레기차에 실려가기 직전, 노란색 장화를 신은 소녀가 나타나 램프를 수레에 실어 집으로 가져와 새로운 전구를 끼워 불을 다시 밝힌다. 소녀는 램프를 이용해 그림자 놀이를 하고 책을 읽고 친구들과 카드 게임도 하며 소꿉장난도 한다. 어느새 램프는 단순히 어두운 공간을 밝게 하는 조명으로서가 아닌 소녀의 일상에서 늘 함께하는 존재가 된다. 길가에 버려졌다가 다시 안락한 집에서 머물 곳을 찾게 된 램프의 모습을 따뜻하게 비추는 순간, 16년 전 램프의 광고에 등장했던 바로 그 남자가 오랜 시간이 지나 이제 나이가 들어버린 모습으로 다시 나타나 말한다.

> "많은 사람들이 이 램프를 보고 행복감을 느낄 거예요.
> 그건 결코 미친 게 아니에요.
> 물건을 재활용하는 건 정말 좋은 일이죠."

그리고 광고가 끝나면서 이케아 로고와 함께 새로운 슬로건이 보인다. 'The beautiful possibilities(아름다운 가능성)'.

'언제든 쉽게 선택해 구매하고 원할 때는 자주 바꿔 사용하는 것이 더 좋다'며 '가볍게 구매할 수 있는 가치'를 강조했던 이케아. 하지만 16년이라는 시간이 흐른 후 시대는 바뀌었고 많은 사람들이 가치 소비와 환경 보호를 제품 구매의 중요한 이슈로 여기게 되자 이케아가 내세웠던 기존의 가치는 설득력을 잃게 되었다. 이렇게 소비에 대한 생각과 가치가 크게 달라진 시대의 변화를 받아들여 이케아도 지난 2018년에 비즈니스의 변화를 모색한다. '사람과 지구에 친화적인 전략(People & Planet Positive Strategy)'을 발표하며 2030년까지 '건강하고 지속 가능한 생활', '자원 순환 지원 및 기후 변화 대응', '공정하고 포용하는 사회' 등 3가지 분야에서 큰 변화를 이루겠다고 밝힌 것이다. 이케아는 이러한 비즈니스 전략의 대담한 변화를 보다 특별한 방식으로 알리기 위해서는 과감한 캠페인이 필요하다고 생각했다.

그래서 캐나다에서 새로운 광고 대행사 리씽크(Rethink)와 손을 잡고 16년 전 미국 가구 시장의 인식을 획기적으로 바꾸는 데 기여했던 '램프(Lamp)' 광고의 속편을 제작했다. '램프에는 감정이 없으니 안타까운 마음을 가질 필요가 없고 새것이 더 좋다'고 이야기했던 이케아가 이제는 '물건을 재활용하는 것은 정말 좋은 일이다'라며 16년 전 제작된 광고의 재활용을 통해 브랜드의 약속에 변화가 필요하다는 것을 스스로 인정한 것이다. 그렇다면 '사람과 지구에 친화적인 이케아'가 되겠다는 브랜드의 새로운 비전과 약속을 어떻게 실천하고 있는지 이케아의 브랜딩 전략을 좀 더 구체적으로 살펴보자.

이케아 가구에 새로운 삶의 기회를 만들다
'Buy Back Friday' (2020)

이케아는 지난 2020년 세계 최대의 쇼핑 시즌인 '블랙 프라이데이'를 맞아 이케아 제품의 구매와 사용에 획기적인 전환을 만들어 내는 캠페인을 전개했다. 고객이 오래 사용했거나 더 이상 사용하지 않는 이케아 중고 가구를 이케아가 직접 매입해 다른 고객에게 새로운 제품보다 훨씬 저렴한 가격으로 재판매하는 것이다. 완전히 조립된 상태의 이케아 중고 가구를 매장으로 가져오면 반품된 제품의 상태에 따라 매입 가격이 정해지고 이케아는 중고 가구의 매입 금액을 매장에서 사용할 수 있는 바우처(환불카드)로 지급한다.

블랙 프라이데이 기간 동안 영국, 호주, 덴마크, 네덜란드, 한국 등 전 세계 27개국에서 동시에 진행된 이케아의 바이백(Buy back) 캠페인은 불필요한 낭비를 최소화하고 중고 제품의 수명을 연장시키며 '많은 사람들을 위한 더 좋은 생활을 만든다'는 이케아의 약속을 지속가능성의 관점에서 많은 소비자들에게 설득력 있게 어필하는 데 성공했다. 그리고 동시에 이케아 제품이 오래 사용할 수 있도록 견고하게 만들어졌다는 점도 고객에게 효과적으로 인식시킬 수 있었다.

고객이 사용한 이케아 가구를 매입 후 재판매하는 '바이백' 프로그램은 '자원 순환 허브' 프로젝트로 이어졌다. 자원 순환 허브는 고객이 오래 쓴 가구에 두 번째 기회를 주도록 도와 새로 구매하는 제품의 수를 줄여나가는 제도다. 이를 통해 고객들은 단종된 품목부터 이전 전시 제품까지 다양한 제품군에 대해 알아볼 수 있고, 현재 보유하고 있는 이케아 가구를 더 오래 쓸 수 있도록 하는 관리 또는 청소 방법, 커스터마이징 방법도 배울 수 있다.

버려진 이케아 가구에 새로운 생명을 불어넣다 'The Trash Collection' (2021)

이케아는 '완전한 자원 순환을 이루는 2030년'을 목표로 향후 수년 동안 사용 및 재사용할 수 있는 제품을 만드는 것을 중요한 목표로 하고 있다. 그래서 지난 2021년 노르웨이에서 '자원순환을 추구하는' 브랜드의 분명한 의지를 과감하게 보여주는 캠페인을 진행했다.

노르웨이에서만 매년 약 300만 개의 가구가 버려지고 여전히 많은 사람들이 이케아를 일회용 제품으로 인식하고 있었다. 이케아는 이틀간 오슬로 지역 주변의 길모퉁이, 쓰레기 더미와 매립지, 공원, 해변을 찾아 실제로 버려진 이케아 가구를 찾아 회수했고, 버려진 16개의 가구들을 약간의 수리 작업을 거쳐 다시 사용할 수 있게 만들었다. 그렇게 재탄생된 16개의 가구에는 'The Trash Collection 2021'이라는 이름을 붙이고, 가구가 폐기된 현장을 담은 실제 사진과 함께 수리 작업, 새로운 제품 대비 수리된 가구의 가격을 알려주는 광고를 제작했다.

버려졌다가 새롭게 생명을 얻은 16개의 'The Trash Collection' 가구를 소개하는 광고는 디지털과 프린트, 옥외 매체를 통해 집행되었고, 이케아는 캠페인 사이트에서 고객이 더 이상 필요하지 않은 가구를 이케아에 판매할 수 있는 '바이백' 서비스를 소개했다. 또한 고객이 가구를 쉽게 수리해 재사용할 수 있도록 필요한 부품을 온라인으로 주문할 수 있는 방법도 안내했다.

이 캠페인의 성과는 수치로도 확인되었다. 캠페인 진행 후 이케아의 중고 가구 판매량은 2배로 증가했고 3000개 이상의 가구가 'The Trash Collection'을 통해 재사용이 가능하게 되었으며 가구 수리를 위한 무료 부품의 온라인 주문은 매주 20% 증가했다. 그리고 이케아가 지속 가능성을 보다 중요하게 생각하는 브랜드로 인식되도록 하는 데 성공했다.

조립 설명서가 아닌 분해 설명서
'Disassembly Instructions' (2021)

그리고 2021년 이케아는 영국에서 가구 제품의 수명을 연장할 수 있는 새로운 방법을 제안한다. 조립 설명서가 아닌 제품을 보다 쉽게 분해할 수 있는 '분해 설명서(Disassembly Instructions)'를 선보인 것이다. 가구를 조립하는 것은 쉽지 않은 일이지만 조립한 가구를 분해하는 것은 더욱 어려운 일이다. 이사를 하거나 공간을 옮길 때 가구를 제대로 분해하지 못하면 가구가 파손되거나 버려질 가능성은 크게 높아진다. 그런 상황이 많아질수록 고객은 자신이 사용하

IKEA has created a number of Disassembly Instructions to help customers extend the lifecycle of their furniture. This easy-to-use guide will help customers take apart one of their favourite IKEA furniture items, BILLY, so it can be re-built in its new home.

1

Remove books and other decorative items.

2

Remove shelves, shelf support pins and wall brackets.

3

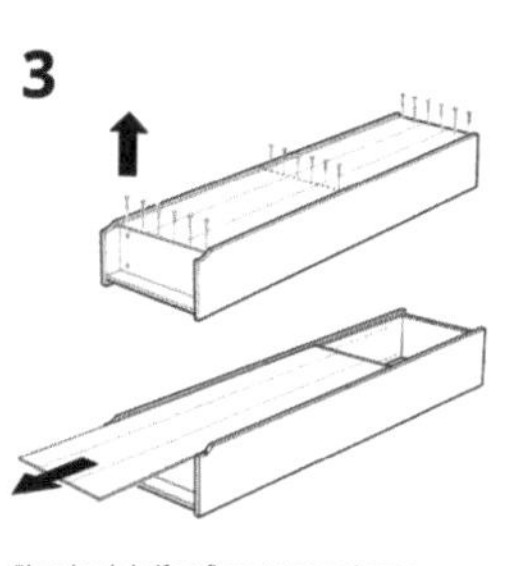

Place bookshelf on floor, remove pins on back board and slide backing off.

4

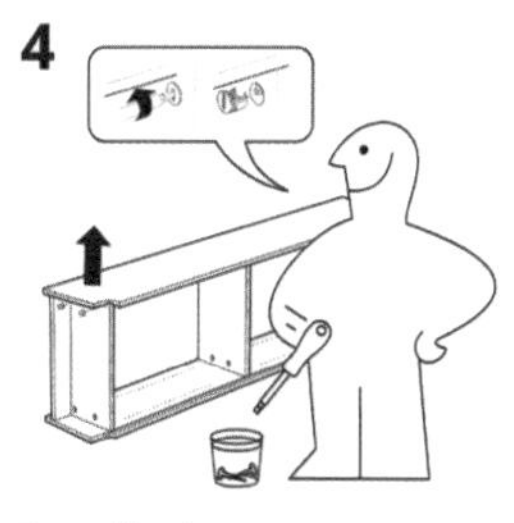

Place on side and remove screws.

5

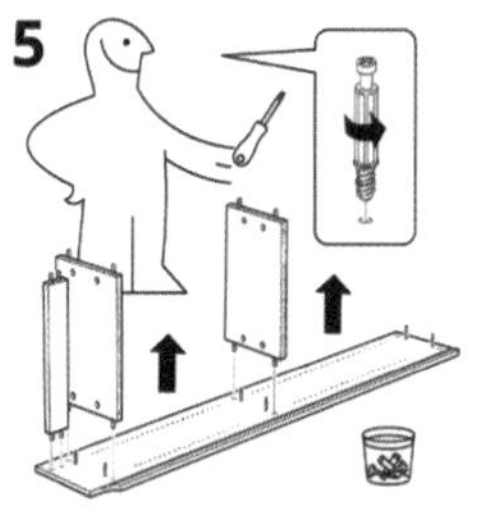

Remove shelves and remove screws.

6

Here are all the parts you should have for your disassembled BILLY.

Note: If any screws or bolts are missing when you come to rebuild your bookshelf (or any other item), you can pick up free replacements from our Spare Parts Library. Simply visit Customer Returns once stores reopen.

던 가구를 버리고 새로운 가구를 사게 될 것이고 많은 가구가 버려져 쓰레기가 되며, 고객은 불필요한 소비를 다시 하게 되는 악순환이 발생하게 된다.

이에 이케아 영국은 고객들이 가구를 쉽게 분해할 수 있도록 '분해 설명서'를 제작해 이케아 웹사이트에서 다운받을 수 있도록 했다. 분해 설명서에서는 빌리(Billy) 책장, 브림네스(Brimnes) 침대, 뤽셀레(Lycksele) 소파 베드, 말름(Malm) 책상, 팍스(Pax) 옷장, 포엥(Poang) 의자 등 이케아에서 가장 많이 판매가 되는 6가지 제품의 분해 방법을 소개했다. 이를 통해 이케아의 제품을 사용하는 사람들에게 스스로 지속 가능한 생활을 실천할 수 있는 기회를 획기적으로 제공할 수 있었다.

음식물 쓰레기를 줄이는 제로 웨이스트 요리책 'The Scraps Book' (2021)

유엔 식량농업기구(FAO)에 따르면 1년에 식량의 생산, 유통, 소비 과정에서 남아서 버려지는 음식물 쓰레기의 양이 전 세계 음식 생산량의 1/3인 13억 톤에 달한다고 한다. 2021년 이케아는 캐나다에서 코로나 팬데믹 기간 동안 많은 사람들이 집에서 요리를 하게 되면서 가정에서 발생하는 음식물 쓰레기 문제가 심각해진 상황에 주목했다. 그리고 음식물 쓰레기를 효과적으로 줄일 수 있는 특별한 요리책을 기획 및 제작했다.

친환경 요리를 전문으로 하는 북미 전역의 10명의 셰프들과 함께 만든 〈더 스크랩 북(The Scraps Book)〉이라는 이름의 요리책에는 음식을 만들고 남은 재료들로 요리를 만들 수 있는 50가지 레시피를 담았다. 이 책에는 멍든 사과, 과일 껍질, 오래된 콩, 당근의 끝부분, 너무 익은 채소 등 요리를 만드는 과정에서 버려지는 잔여 음식물을 활용해 다른 맛있는 요리를 만들 수 있는 레시피가 실려 있다. 또한 가정에서 쓰레기를 줄일 수 있는 다양한 방법을 제안하는 삽화를 싣고, 이를 온라인 사이트와 애플 북스, 구글플레이 북스에서 무료로 다운로드할 수 있도록 했다. 그리고 친환경 공정을 거쳐 만

들어진 종이 요리책을 300권 한정으로 제작해 로열티 프로그램 회원에게 증정하는 프로모션을 함께 진행했다. 집의 중심이 되는 주방에서 쓰레기를 없애고, 모두가 더 쉽고 편하게 자원을 재활용하는 습관을 실천할 수 있도록 '버리는 작은 것들로 만들 수 있는 요리책'이라는 아이디어를 통해 '낭비하지 않는' 생활의 실천을 설득력 있게 제안한 것이다.

오랜 시간 동안 사람들이 생각하는 이케아에 대한 이미지는 '부담없이 자주 바꿔 사용할 수 있는 가구 브랜드'였다. 하지만 시간이 흐르며 시대가 추구하는 가치관이 변했고, 이케아도 변했다. 지금의 이케아는 '가벼운 소비'의 대명사로 인식되던 과거와는 전혀 다른 관점에서 브랜드의 미션을 실천하고 있다.

이케아의 브랜딩 전략은 더 이상 단순히 홈퍼니싱에 국한되지 않고 '지속 가능한 방식으로 사람들이 지구를 위한 삶을 살 수 있도록 돕는 것'에 집중한다. 이케아의 변신은 보다 대담하고 혁신적이면서 또 창의적인 방식으로 '사람과 지구에 친화적인 이케아'가 되겠다는 리브랜딩 전략을 통해 실천되고 있다. 이케아가 브랜드의 변신을 실천하는 방법을 통해 과거의 이미지에서 벗어나 차별화된 브랜드 정체성을 새롭게 만들어가는 전략을 탐색해볼 수 있다.

마케터의 전략 탐색법

선택받는 브랜드가 되는
10가지 마케팅 전략

좋은 브랜드란 많은 사람들에게 자주 선택을 받는 브랜드일 것이다. 브랜드가 사람들에게 선택 받기 위해서는 그럴 만한 충분한 이유를 설득력 있게 제시해야 한다. 그런 점에서 나는 사람들의 선택을 받을 수 있는 '좋은 브랜드의 조건'은 다음 5가지라고 생각한다

사람들의 생활에서 어떤 변화를 만들어 내는가?
사람들의 어떤 문제를 잘 해결해 줄 수 있는가?
다른 브랜드와 비교할 때 확실하게 새롭고 다른가?
확고한 존재 의미를 갖고 있는가?
어떤 특별하고 유익한 경험을 만들어 낼 수 있는가?

이 장에서는 사람들에게 필요한 좋은 브랜드로서 선택 받아야 하는 이유를 위의 5가지 관점에서 탁월하게 제안하거나 증명해 보인 브랜드의 사례를 모았다. 그리고 이를 10가지 마케팅 전략으로 탐색해 보고자 한다.

마케팅 전략 1

제품에 의미를 부여하는 탁월한 기술을 만들어라

무라카미 하루키는 그의 저서 《잡문집》에서 세상에 완전히 새로운 말은 없으며, 평범한 말에 남다른 의미나 특별한 울림을 부여하는 일이 우리가 해야 할 일이라고 했다. 하루키의 이야기를 되새길 때마다 나는 마케터에게 꼭 필요한 것이 '브랜드나 제품에 새로운 의미와 특별한 울림을 부여하는 기술'이라는 생각이 든다. 그 브랜드와 제품이 사용자의 입장에서 어떤 의미를 갖는지, 얼마나 중요한 도구가 될 수 있는지, 어떤 가치 있는 경험을 만들어 낼 수 있는지, 제품을 사용하는 경험이 만들어 내는 일상의 의미 있는 변화에 대해 사용자가 공감하는 순간 그 브랜드나 제품은 사용자의 기억에 오래 머무를 수 있고 꾸준히 선택받을 가능성이 높다.

애플의 브랜드 미션을 새롭게 정립한 'Think Different(다르게 생각하기)' 캠페인을 창업자 스티브 잡스와 함께 기획하고 17년간 그와 함께 광고와 마케팅을 이끌었던 크리에이티브 디렉터(CD) 켄 시걸은 자신의 저서《미친 듯이 심플》에서 애플이 단순함을 추구하는 방법 10가지 중 하나로 '인간을 생각하라'를 소개했다. 애플이 고객과의 커뮤니케이션에서 중요하게 생각하는 것은 바로 인간적인 소통이며, 사람들이 매일 사용하는 인간적인 언어로 제품을 이야기하는 것이 중요하다는 것이다. 애플의 신제품이 공식 출시될 때마다 애플이 공식 사이트에서 어떻게 신제품을 소개하고 있는지를 관심 있게 살펴보면, 애플은 단순히 새로운 기능을 나열하는 것이 아니라 '애플의 제품을 사용하는 사람들의 삶이 어떻게 창의적으로 변화하는가'에 중점을 두고 이야기하고 있다는 걸 확인할 수 있다.

애플의 커뮤니케이션은 전 세계 모든 시장에서 일관된 방식으로 전개가 되는데, 여기서 한 가지 주목할 점은 로컬의 문화와 정서를 고려한 높은 수준의 현지화 전략을 보여준다는 것이다. 애플의 탁월한 현지화 전략은 애플이 진출한 각 국가별 로컬 사이트에서도 확인할 수 있다. 국가별 공식 사이트에서는 애플의 다양한 제품과 서비스, 미션을 이야기하는 글로벌 카피를 현지 시장의 사람들이 가장 쉽게 이해하고 효과적으로 받아들일 수 있도록 완전히 새로운 방식으로 번역한다.

지난 2017년 새로워진 인물사진 모드의 기능을 이야기하는 아이폰7 플러스의 광고 '도시(The City)' 편은 오리지널 영문 카피를 단순히 해석하는 차원을 넘어 사용자의 감성까지도 터치하며 오리지널 카피보다 더 멋진 카피를 새롭게 만들어 냈다. "focus on what you love"라는 글로벌 광고의 카피를 국내 버전의 광고에서는 "주관적

애정 시점"이라는 표현으로 바꾸었는데 연인의 애정과 사랑의 느낌을 한껏 더했을 뿐 아니라 인물 사진의 매력을 더욱 생생하게 체감하도록 했다.

또한 애플 워치 시리즈 5(Series 5) 광고에서는 "You've never seen a watch like this(지금껏 이런 시계는 없었습니다)."라는 카피를 우리에게 익숙한 곡이자 지난 2009년 가수 이승철이 발표한 〈그런 사람 또 없습니다〉로 멋지게 패러디해 '이런 시계 또 없습니다'라는 카

피로 친숙하게 번역했다.

> iPhone 영상 촬영 기술의 극적 전환
> 당신의 실력도 함께 업그레이드.

게다가 아이폰13 광고에서는 'iPhone went to film school, so you don't have to(아이폰은 카메라 촬영 기술을 배우러 필름 스쿨에 갔지만 당신은 그럴 필요가 없어졌다).'는 카피를 매끄럽게 번역하는 수준을 넘어 아예 로컬의 카피로 완전히 새로운 버전을 만들었다.

> 지금까지 이런 색감은 없었다 이것은 화면인가 예술인가
> Super XDR.

최고의 색감을 경험할 수 있는 아이폰13의 디스플레이를 강조하기 위한 글로벌 카피에서는 'Supercolorpixelistic XDRidocious'라는 장난 섞인 카피를 만들었는데 국내 버전에서는 영화 〈극한 직업〉의 대사를 멋지게 패러디해 오리지널 카피가 전달하고자 하는 위트까지 고스란히 전달하면서 디스플레이의 성능이 더욱 업그레이드되었다는 점까지 효과적으로 담아냈다.

참고로 '주변머리의 진화'라는 아이폰11의 한국어 카피의 글로벌 버전 카피는 바로 'Can You Be More Precise? Yes.'다. 초광대역 기술을 이용해 주변을 인식하는 U1 칩의 성능을 이렇게 기가 막히게 로컬 번역했다. 또한 맥북 에어의 신제품 광고에서는 제품명

에 들어간 단어 'Air'를 활용해 만든 글로벌 카피 'Power. It's in the Air(파워. Air 안에 있습니다).'를 'Air의 흐름을 바꾸다'라는 완전히 새로운 문장으로 만들어 업그레이드된 새로운 버전의 맥북 에어를 강렬하게 소개했다.

나는 세 가지 관점에서 애플의 브랜드 커뮤니케이션 전략이 다른 브랜드와 확연한 차별점을 갖는다고 생각한다. 애플은 모든 커뮤니케이션 영역에서 '사용자 경험 관점으로' '단순하면서도 인간적으

Supercolorpixelistic XDRidocious.

Super Retina XDR display

지금까지 이런 색감은 없었다 이것은 화면인가 예술인가 Super XDR.

로' '일상적인 언어로' 애플의 제품이 사람들에게 필요한 이유를 이야기한다. 나는 그것이 바로 애플이 제품에 의미를 부여하는 남다른 기술을 보여주는 핵심이라고 생각한다. '기술이 인문학과 교양과 결합했을 때 사람들의 마음을 감동시키는 결과를 가져온다'는 애플의 브랜드 DNA는 이처럼 애플이 고객과 소통하는 문장, 단어 하나하나에서도 쉽게 확인할 수 있다.

브랜드와 제품에 새로운 의미를 부여한 또 다른 사례로는 뉴발란스의 마케팅을 들 수 있다. 뉴발란스가 '클래식의 가치'를 이야기하는 방법을 살펴보자.

지난 1982년 뉴발란스 최초의 프리미엄 운동화로 출시된 '뉴발란스 990(New Balance 990)'은 연구 개발팀이 시간과 비용에 구애받지 않고 가능한 모든 기술력을 동원해 최고의 신발을 만들기 위한 노력 끝에 탄생한 모델이다. 이 제품은 유연성과 안정성의 완벽한 균형을 가진 신발이라는 평가를 받으며 출시 후 러너뿐 아니라 스니커즈 매니아들에게도 큰 인기를 끌었으며, 뉴발란스의 기술력을 보여주는 상징적인 신발이 되었다. 또한 뉴발란스 990은 애플의 공동 창업자이자 CEO였던 스티브 잡스의 신발로 많이 알려지기도 했는데 이 때문에 미국에서는 사무실에서 일하는 직장인들이나 아빠들이 즐겨 신는 '아저씨들의 패션을 대표하는 아이템'이 되었다.

뉴발란스 990은 지금까지 6번째 버전까지 출시가 되었고 현재 직장인이나 아저씨뿐 아니라 트렌디한 패션을 즐기는 젊은 세대들도 즐겨 신는 신발로 큰 인기를 얻고 있다. 그런 점에서 지난 2019년, 뉴발란스 990시리즈의 5번째 버전인 New Balance 990 v5를 출시하며 뉴발란스가 제작한 광고는 과거 아저씨 패션의 대명사였던 뉴발란스의 클래식한 가치와 가장 트렌디한 디자인에도 잘 어울리는 뉴발란스 990만의 스타일을 동시에 강조한다는 점에 주목하게 된다.

런던의 슈퍼모델과 오하이오의 아빠들이 착용하는 신발.

누구에게나 잘 어울리는 디자인과 기능, 트렌디한 패션과도 완벽한 조화를 제공하는 신발이라는 점을 하나의 신발 이미지와 멋진 카피로 표현했다. 즉 1982년에 지금의 아빠 세대가 즐겨 신던 신발을 현시대의 가장 힙한 세대들도 역시 멋지게 착용할 수 있다는 것이다. 여기에 아무리 오랜 시간이 지났어도 다양한 개성과 스타일,

취향을 가진 모든 세대가 착용할 수 있는 신발, 아버지의 세대가 착용했던 신발을 자녀 세대에서도 그대로 신을 수 있을 정도로 뛰어난 내구성을 가진 신발이라는 점도 함께 강조한다. 뉴발란스 990 v5의 광고는 모든 계층의 사람들의 옷장에서 필수품으로 남는 것이 목표라는 뉴발란스의 미션을 곧바로 떠올리게 만든다. 이를 통해 제품의 의미는 다시 한번 새롭게 정의되고, 브랜드는 오래도록 사람들의 기억에 남는다.

마케팅 전략 2

고정관념과 상식을 파괴하라

아이디어의 한계를 뛰어넘기 위해서는 기존의 방식 자체를 완전히 부정하고 파괴하는 발상이 필요하다. 다른 브랜드의 성공 방식을 단순하게 따르는 것이 아니라, 지금까지의 마케팅 트렌드나 관습에 대해 적극적으로 의문을 제기하고 리스크를 두려워하지 않는 과감한 발상을 통해 이전에 없던 새로운 아이디어를 만들어낼 수 있다.

선글라스가 전혀 등장하지 않는 선글라스 광고

유럽의 아이웨어 브랜드 에이스 & 테이트(Ace & Tate)가 제품을 제안하는 특별한 방법을 살펴보자. 이 브랜드가 지난 2022년 3월 여름 시즌을 겨냥해 론칭한 'Bring on the Sun'이라는 선글라스 광고에서는 선글라스 제품이 전혀 등장하지 않는다.

기존의 아이웨어 브랜드의 광고처럼 멋지게 선글라스를 착용하는 모습이 아닌 쨍쨍한 햇살이 얼굴이 닿아 눈을 가늘게 뜨고 있는 사람들의 모습을 무보정으로 촬영했다. 사진 속 인물들은 강한 햇살을 경계하거나 두려워하지 않고 태양의 눈부심을 피하지 않는다. 선글라스 광고라면 모델이 멋지게 선글라스를 착용한 모습을 보여주는 것이 일반적이겠지만 에이스 & 테이트는 단순히 제품을 보여주는 대신 선글라스가 필요한 상황에 초점을 맞추는 새로운 접근 방식을 택했다.

특히 에이스 & 테이트의 선글라스 광고에 주목할 점은 이 광고 캠페인이 2단계에 걸쳐 전략적으로 집행이 되었다는 점이다. 1단계에서는 선글라스를 전혀 보여주지 않고, 밝은 햇빛 아래에서 눈을 가늘게 뜨고 있는 사람들의 모습을 담은 광고로 고객들이 선글라스를 착용하는 경험을 떠올리게 만들었고, 2단계에서는 선글라스를 착용하지 않고 햇빛을 바라보는 모델의 얼굴과 선글라스를 착용하고 개성 있는 스타일로 햇빛에 맞서는 모델의 얼굴을 나란히 보여주는 광고를 공개했다.

선글라스가 전혀 등장하지 않는 광고로 선글라스를 착용하지 않은 불편한 경험을 역으로 떠올리게 만들어 컬렉션에 대한 관심을 크게 환기시킨 다음, 이를 활용해 더욱 직접적으로 선글라스 컬렉션을 소개하는 방식으로 제품 구매를 전략적으로 제안한 것이다. 에이

ace & tate
ing on the sun
New sunglasses now in-store
ace & tate
Bring on the sun
New sunglasses now in-store
ace & tate
Bring on the sun
ace & tate
Bring on the sun
New sunglasses now in-store
ace & tate
ing on the sun
New sunglasses now in-store
ace & tate
Bring on the sun
ace & tate
Bring on the sun
New sunglasses now in-store
ace & tate
Bring on the su
New sunglasses now in-store
ace & tate
ng on the sun
ew sunglasses now in-store
ace & tate
Bring on the sun
New sunglasses now in-store
ace & tate
Bring on the sun
ace & tate
Bring on the s
New sunglasses now in-store
GREENHOUSETALENT.COM

스 & 테이트는 인쇄 광고, 옥외 광고, 오프라인 매장 그리고 소셜 미디어를 통합적으로 활용해 캠페인을 전개했다.

일반적인 광고의 방식을 따르지 않은 에이스 & 테이트의 전략은 분명한 효과가 있었다. 제품 출시 후 첫 번째 주말에 집계된 선글라스 판매 실적은 브랜드 역사상 두 번째로 높은 것으로 나타났다. 사실 멋지게 포즈를 취한 모델들이 등장하는 대다수의 패션 브랜드 광고들은 브랜드의 로고를 감추고 보면 어떤 브랜드의 광고인지 쉽게 구분할 수 없는 경우가 많다. 하지만 에이스 & 테이트의 선글라스 컬렉션 광고 캠페인은 '선글라스를 착용한 모델의 얼굴을 멋지게 보여준다'는 너무나도 당연한 상식을 멋지게 그리고 전략적으로 비틀었고, 이를 통해 보다 분명하게 브랜드를 소비자들에게 강렬하게 각인시키는 데 성공했다.

아침 식사는 하루의 시작이 아니라 '하루의 마무리'다

대다수의 광고나 마케팅에서 아침 식사는 '사람들의 하루를 시작하는 행위'로 정의된다. 하지만 지난 2023년 4월 공개된 버거킹의 광고는 이런 고정 관념을 완전히 뒤엎는 발상을 보여준다 이 광고에서는 아침 식사는 하루를 시작하는 일이 아니라 '하루를 마무리하는' 행위라고 이야기한다.

버거킹에는 오전 6시부터 10시 30분까지 제공되는 '아침 식사(Breakfast)' 메뉴가 있는데, 이를 홍보하는 광고에서 파티나 페스티벌 또는 결혼식에 참석해 새벽까지 밤을 새우고 버거킹에서 아침 식사를 하는 사람들의 실제 모습을 담았다. 밤을 새우거나 새벽까지 활동을 마친 후 늦은 새벽이나 아침에 버거킹에서 햄버거와 샌드위치로 비로소 식사를 하며 하루를 마무리하는 사람들. 이들을 조명하면서 '아침 식사는 하루의 시작이 아니라 하루를 마무리하는 행위'라고 이야기하며 버거킹의 아침 메뉴를 소개했다.

그래서 광고의 타이틀도 'Late Breakfast(가장 늦게 먹는 아침 식사)'다. 밤을 새우면서 새벽까지 활동한 사람들에게 버거킹은 하루를 제대로 마무리하는 좋은 방법이 될 수 있다고 이야기하면서 '아침 식사는 하루의 시작'이라고 생각하는 기존의 방식과 전혀 다른 관점에서 제품을 제안한 것이다. 이 캠페인은 멕시코와 코스타리카, 도미니카 공화국, 콜롬비아 지역에서 프린트 및 옥외 광고로 집행이 되었으며 현지에서 큰 호응을 얻었다.

BURGER KING
The most important meal of the night.
Breakfast Menu. From 6 AM to 10:30 AM.

BURGER KING
The most important meal of the night.
Breakfast Menu. From 6 AM to 10:30 AM.

맥주 광고에서 맥주를 모두 사라지게 만든 특별한 이유

태양, 바다, 모래, 해변가에 있는 사람들… 여기에 무엇이 더 필요할까? 그동안 코로나 맥주가 제작한 광고를 떠올린다면 광고 속 사람들의 손에는 맥주병이 쥐어져 있어야 하고 해변가 모래에는 코로나 맥주가 꽂혀 있어야 한다. 그런데 사람들의 손에는 맥주가 없고 해변가 모래에는 병이 놓인 흔적은 있지만 맥주병은 전혀 보이지 않는다. 무슨 일인가 싶어 살펴보니 작게 쓰인 카피가 보인다.

우리는 광고에서 맥주병을 반환했습니다.
이제 여러분의 차례입니다.

코로나 맥주가 광고 속에서 맥주병을 모두 지워버린 이유는 '맥주병을 모두 제대로 반환했다'라는 사실을 떠올리게 하기 위한 의도적인 연출이었던 것이다. 코로나 맥주는 브랜드 역사상 처음으로 맥주를 (또는 제품을) 사라지게 한 광고를 통해 해변과 바다가 오염되지 않도록 맥주병의 올바른 폐기와 재활용의 필요성을 강렬하게 호소했다.

그동안 많은 브랜드나 기업들이 사회적 책임을 강조하며 친환경을 이야기했지만 대부분의 광고에서는 그러한 진정성이 잘 보이지 않는 경우가 많은 것이 사실이다. 하지만 코로나 맥주는 인쇄물, 소셜 미디어, 옥외 광고 전체에서 맥주병 자체를 보이지 않도록 하

WE RETURNED THE BOTTLE OF THIS AD.
RETURN YOURS.
Corona
Corona

WE RETURNED THE BOTTLE OF THIS AD.
RETURN YOURS.
Corona

는 과감한 결단을 통해 환경 보호에 대한 브랜드의 진정성을 강렬하게 보여주었다. 그리고 이를 통해 고객에게 맥주병의 재활용에 적극적으로 동참해 줄 것을 설득력 있게 제안했다.

곰팡이 핀 햄버거를 전면에 내세우다

상식을 파괴하는 파격을 보여주는 또 하나의 사례를 살펴보자. 지난 2020년 2월 공개된 버거킹의 와퍼 광고를 보고 사람들은 충격을 금치 못했다. 햄버거를 더 먹음직스럽게 꾸며도 모자랄 판에 제품이 부패해 온통 곰팡이로 가득 찬 사진을 전면에 내세운 것이다.

이 광고 사진은 버거킹의 와퍼가 34일 동안 자연 그대로 방치된 상태에서 서서히 부패하며 곰팡이가 슬어가는 과정을 촬영한 것이다. 버거킹에서는 이와 더불어 부패해 가는 와퍼의 모습을 생생하게 담아낸 유튜브 영상도 공개했는데, 해당 광고 포스터와 영상 마지막에 등장하는 카피가 시선을 끈다.

> 인공 방부제가 없는 것의 아름다움.
>
> (The Beauty Of No Artificial Preservatives.)

뉴스를 통해 '썩지 않는 맥도날드 버거'에 관한 소식을 들어본 적이 있을 것이다. 〈워싱턴포스트〉가 맥도날드 아이슬란드에서 구매한 햄버거가 10년이나 지나도 전혀 부패하지 않고 온전한 모습을 그대로 유지하고 있는 사진을 공개하며 음식에 들어가는 인공 방부제에 대한 논란에 불을 지폈다. 이러한 이슈 속에서 버거킹은 자사의 아이콘 제품인 와퍼가 부패한 모습을 적나라하게 담은 파격적인 모습을 공개하며, 다음과 같은 메시지를 내세웠다. 바로 '진짜 음식의 아름다움은 썩는다는 것(The beauty of real food is that it gets ugly).'

특히 미국 시장을 겨냥해 제작된 이 캠페인은 천연 식품을 선호하는 당시의 소비자 트렌드를 반영하여 2020년까지 버거킹이 미국 내 매장에서 방부제 등 인공 첨가제를 전혀 사용하지 않을 것임을 알리고, 자사 제품의 친환경성을 특별하게 알리기 위해 기획된 것이

었다. 버거킹은 부패하는 햄버거의 모습을 담은 유튜브 영상뿐 아니라 날짜별로 점차 썩어가는 와퍼의 사진들을 활용해 미국 전역에서 옥외 광고를 진행했다. 패스트푸드 음식에는 좋지 않은 첨가물이 많이 들어갈 거라는 부정적인 생각을 가진 사람들이 적지 않고, 이미 소비자들의 취향이 더 건강한 식사를 원하는 방식으로 변하고 있는 상황에서 버거킹은 매우 과감하고 파격적인 방식을 통해 인공 첨가제가 없는 고품질의 메뉴를 제공하겠다는 브랜드의 방침을 특별하게 홍보한 것이다.

음식을 아름답고 먹음직스럽게 보이도록 하는 것이 당연한 식품 업계 광고의 원칙인데, 이와 정반대의 전략을 취한 버거킹의 제안 방식은 극도의 부정적인 여론이 발생할 수 있는 리스크를 분명하게 고려한 것이었다. 하지만 썩어가는 햄버거의 이미지를 광고에 직접적으로 사용한 파격적이면서도 대담한 아이디어는 기존의 패스트푸드에 대한 선입견에 과감하게 대응하며 좋은 품질의 음식을 제공하겠다는 버거킹의 의지를 효과적으로 전하는 데 성공했다. 파격적인 발상을 보여준 버거킹에 대해 긍정적이거나 중립적인 입장을 취한 사람들이 88%에 달했고, 와퍼의 매출은 14% 증가했으며 미디어 노출 효과도 4000만 달러에 달했다. 또한 버거킹의 캠페인은 칸 라이언즈 등 주요 글로벌 광고제에서 그랑프리를 휩쓸며 크리에이티브 업계에서도 호평을 받았다.

지금까지 소개한 4가지 케이스와 같이 고정 관념과 상식을 뒤집는 대담하고 파격적인 아이디어를 통해 브랜드와 제품을 고객에게 완전히 새롭게 제안할 수 있는 DNA는 브랜드와 에이전시(광고대행사) 모두에게 필요한 역량이기도 하다. '당연한 것'을 비틀면 낯선 것이 되고, 새로운 아이디어의 시작이 된다는 것을 재확인할 수 있다.

마케팅 전략 3

위기를 기회로 바꿔라

급격한 시장 환경의 변화나 코로나 팬데믹과 같은 전 세계적인 전염병의 발생, 기업의 의사 결정에 대한 부정적인 이슈 발생 등 브랜드나 기업의 비즈니스에서는 예상하지 못한 위기의 순간을 만나게 되곤 한다. 사람에게도 기업에게도 위기나 시련은 언제든 찾아올 수 있는 것이다. 따라서 예상하지 못한 위기를 새로운 비즈니스 기회로 바꿀 수 있는 창의적이면서도 유연한 전략이야말로 지금의 시대에 무엇보다 필요한 역량이다.

코로나로 브랜드 슬로건을 사용할 수 없게 된 KFC
KFC가 코로나 위기를 반전의 기회로 활용한 기발한 방법

손가락을 빨 정도로 맛있다.

(it's finger lickin good.)

위 문장은 KFC가 지난 1956년부터 무려 60년이 넘는 시간 동안 사용하고 있는 슬로건이다. 따라서 KFC의 브랜드 마케팅에서 빼놓을 수 없는 중요한 브랜드 자산이라고 할 수 있다. 그런데 코로나19 팬데믹 시기에 이 슬로건을 사용하기에 부적절하다는 이슈가 커지면서 KFC는 더 이상 브랜드의 대표 슬로건을 사용할 수 없는 상황에 이르게 된다.

결국 KFC는 지난 2020년 8월, 이 슬로건을 당분간 사용하지 않겠다는 공식 선언을 했다. 하지만 KFC는 브랜드 슬로건을 완전히 지우거나 전혀 사용하지 않는 대신, 슬로건 자체를 기발하게 바꿔 보다 새롭게 활용하는 브랜드 커뮤니케이션을 진행했다. 바로 'it's finger lickin good'이라는 기존 슬로건에서 'finger lickin' 부분만 흐리게 처리하여 'it's good'으로 보이도록 만든 것.

KFC는 기존 브랜드 슬로건을 노출했던 옥외 광고와 제품 패키지, 소셜 미디어 채널 등에서 finger lickin를 흐릿하게 처리한 'it's good'이라는 슬로건을 사용했다. '손가락을 빨 만큼 너무 맛있다'는 KFC의 오리지널 슬로건을 직접적으로 사용하지 않으면서도 'KFC의 맛은 여전히 최고다'라는 사실을 고객들이 변함없이 떠올릴 수 있도록 한 것이다.

무려 60년이 넘는 시간 동안 사용해 온 브랜드 슬로건을 바꾸는 일에는 사실 수많은 의사 결정과 준비 과정이 필요하다. KFC는 코로나19라는 부정적인 이슈가 발생한 상황에서 사회적으로 부적절한 의미를 줄 수 있는 브랜드 슬로건을 시급하게 중단해야만 했지만, 이러한 위기 상황을 반전의 기회로 탁월하게 활용했다.

월드컵에 1000억 원 비용 썼는데
맥주를 못 쓰게 된 버드와이저
버드와이저는 맥주 없는 월드컵에서
어떻게 승자가 되었나?

글로벌 맥주 기업 AB인베브의 맥주 브랜드인 버드와이저(Budweiser)는 FIFA 월드컵의 공식 스폰서로 30년 넘게 FIFA와 오랜 파트너십을 맺어 왔다. 그리고 지난 2022년 카타르 월드컵에서도 역시 공식 후원사로 참여해 7500만 달러(약 1000억 원) 규모의 계약을 체결했다. 즉 버드와이저가 카타르 월드컵 경기장에서 맥주를 팔 수 있는 독점 권리를 보장받은 것이다.

그런데 카타르 월드컵 개최 불과 이틀 전 버드와이저는 엄청나게 난감한 상황에 빠지게 된다. 이슬람 국가인 카타르는 주류 판매와 음주가 금지된 나라이지만 FIFA는 월드컵 입장권 소지자에 한해 경기장 내 지정된 장소와 경기장 주변에서만 맥주를 살 수 있도록 했다. 그러나 개최국 카타르는 맥주 판매를 금지하자는 주장을 계속해서 강력하게 요구했고, 결국 FIFA가 이를 받아들이면서 기존 방침을 바꾸게 된다. 버드와이저는 경기장 근처에서 판매할 예정이었던 맥주들을 런던, 랭커셔, 웨일스 등의 양조장에서부터 지중해와 수에즈 운하를 거쳐 카타르까지 1만 3000킬로미터라는 거리를 운반해왔는데, 갑자기 경기장 근처에서조차 맥주를 팔 수도, 마실 수도 없게 되어버린 것이다.

갑자기 맥주를 팔 수 없게 되었다는 날벼락을 맞은 버드와이저는 그동안 월드컵을 위해 준비했던 모든 계획을 버리고, 맥주 판매 금지 조치가 내려진 지 단 하루 만에 완전히 새로운 마케팅을 진행했다. 경기장에서 판매할 수 없어 재고가 되어버린 모든 버드와이저 맥주들을 월드컵 우승국에게 전량 선물하기로 한 것이다. 버드와이저는 11월 19일 공식 트위터 계정을 통해 트윗을 올리며, 월드컵에서 판매할 수 없는 모든 맥주를 우승국에게 선물할 것이라고 밝혔다.

> "새로운 날, 새로운 트윗. 우승국이 버드와이저를 갖게 된다.
> 누가 그것을 차지하게 될까."

버드와이저는 카타르 월드컵의 우승국이 이번 월드컵을 위해 준비된 버드와이저 맥주를 모두 가져갈 수 있다는 메시지를 담은 해시태그 #BringHomeTheBud를 내세워 전방위적인 마케팅을 펼쳤다. 토너먼트가 진행이 되고 승패가 결정될 때마다 뉴욕, 부에노스아이레스, 런던, 리우데자네이루와 같은 전 세계 주요 도시의 상징적인 장소에 “Bring Home The Bud” 메시지가 새겨진 대형 컨테이너 박스를 노출했고, 이 장면들을 촬영한 사진으로 소셜 미디어 콘텐츠를 만들고 옥외 광고도 진행했다.

버드와이저는 단 10일 만에 전 세계 8개 시장에서 ‘월드컵 우승국이 버드와이저를 가질 수 있다’는 메시지를 확대하는 캠페인을 전개했으며, 아르헨티나가 월드컵 우승국으로 결정되자 아르헨티나 지역 곳곳에 월드컵을 위해 준비한 모든 버드와이저 맥주를 무료로 배포했다.

월드컵 개최 단 이틀을 남겨두고 맥주 판매 금지라는 역사상 전례가 없었던 결정을 통보받은 버드와이저는 월드컵 공식 후원사로서 역사상 가장 실패한 월드컵 후원사가 될 수도 있었지만, 위기를 극복하고 새로운 마케팅을 빠르게 기획해 대담하게 실행하는 전략으로 극적인 마케팅 성과를 만들어 냈다. 버드와이저는 월드컵 기간 동안 가장 많이 언급된 브랜드가 되었을 뿐 아니라 2550억 회의 노출, 4억 달러(5248억 원)에 달하는 미디어 홍보 효과를 얻었고 100만 건 이상 브랜드 언급이 되는 등 전 세계 축구팬들에게 버드와이저를 강렬하게 알리는 성공을 거뒀다. 그리고 전례 없는 위기를 맞은 버드와이저가 보여준 대담한 월드컵 마케팅은 위기를 기회로 바꿔 성공한 브랜드 마케팅의 대명사가 되었다.

9년 전 실수에 대해 사과드립니다!
13만 명의 고객들에게 공개 사과한
스키틀즈의 특별한 이벤트

스키틀즈(Skittles)의 오리지널 패키지에는 딸기, 레몬, 포도, 오렌지, 라임 등 5가지 맛의 캔디가 들어 있다. 지난 2013년 스키틀즈는 그린애플 맛을 출시하면서 라임 맛을 더 이상 제품 패키지에 포함하지 않기로 했는데 이런 변화가 라임 맛을 좋아하던 고객들의 엄청난 반발을 샀다. 그러다 지난 2021년 10월 라임 맛 에디션을 재출시했고, 2022년부터 아예 다시 스키틀즈 패키지에 라임 맛을 포함시키기로 하면서 특별한 캠페인을 진행했다.

지난 2013년 라임 맛을 패키지에서 제외한 것에 대해 소셜 미디어에서 분노와 실망감을 표출했던 사람들을 찾아 과거의 잘못된 판단에 대해 개별적으로 사과를 한 것이다. 트위치에서 라임 맛의 소환을 촉구하며 불만을 제기했던 13만 8880명의 사용자들을 모두 찾아 사과의 메시지를 전하는 라이브 방송을 35분이 넘는 시간 동안 진행했고, 트위터에서는 13만 8880명의 불만 트윗 중 8만 3868명의 트위터 계정에 하나하나 사과의 댓글을 남겼다. 또한 스키틀즈에 대한 불쾌한 내용을 직접적으로 언급했던 트위터 사용자들의 메시지를 뉴욕 타임스퀘어 전광판을 통해서도 소개하며 사과를 하는 등 전례 없는 옥외 광고도 함께 진행했다.

스키틀즈의 공개 사과 이벤트는 여기에 그치지 않았다. 라임 맛의 교체에 불만을 제기하고 재출시를 요청한 사용자 모두를 위한 공개 사과 편지를 제작해 웹사이트에 게시했는데, 다운로드 가능한 공개 사과 편지의 길이가 16.67 피트(약 5미터)로 엄청나게 길어서 이 편지를 모두 읽는 데만 무려 10시간이 넘게 걸릴 정도의 분량이었다. 이렇게 공개 라이브 방송과 트위터 댓글, 공개 사과 편지를 보내며 진심으로 사과의 메시지를 전하는 마케팅을 진행했음에도 여전히 스키틀즈의 과거를 용서하지 않는 사람들을 위해서 스키틀즈는 캠페인 사이트에서 무료로 라임 맛 스키틀즈를 선물하는 리워드 프로모션도 진행했다.

스키틀즈의 사과 이벤트는 큰 성공을 거두었다. 트위터로 진행된 공개 사과 라이브 방송의 누적 조회 수가 566만 건을 기록했고 사과 이벤트 후 스키틀즈 관련 구글 검색량이 1000% 증가했다. 스키

틀즈 오리지널 팩의 판매량도 21% 증가하는 성과를 거두는 등 라임 맛을 원했던 스키틀즈 고객들의 압도적인 호응을 받았다.

무엇보다 중요한 것은 스키틀즈가 과거의 잘못에 대해 진심으로 사과의 메시지를 전하는 행동을 통해 전해진 브랜드의 진정성에 스키틀즈의 팬들이 큰 호응을 보냈다는 것이다. 브랜드나 기업 입장에서는 자신의 제품에 대한 부정적인 목소리를 내는 사람들의 메시지를 수용하는 것이 큰 리스크가 될 수 있다. 그래서 브랜드의 제품에 대해 부정적인 입장을 가진 사람들의 입장이나 의견을 마케팅에 활용하는 것은 보다 대담하고 전략적인 기획과 실행을 요구하는 일이다. 스키틀즈는 '라임 맛 교체 사과' 캠페인을 통해 브랜드에 실망했던 고객들에게 진심으로 다가가는 진정성 있는 모습을 보여주면서 그들을 마케팅에 다시 전략적으로 끌어들이며 미디어의 큰 주목을 이끌어내는 획기적인 성과를 만들어 냈다.

KFC? 아니 'FCK'
초유의 매장 휴업 사태를 기회로 만든
KFC의 고객 사과문

지난 2018년 2월 영국 전역에서 KFC 매장의 휴업 사태가 발생했다. 당시 KFC의 모기업인 얌 그룹이 치킨 배송 업체를 바꾸면서 영국 전역으로 가는 닭고기 공급에 차질을 빚게 된 것이다. 그 결과 일주일간 전국 900개 매장 중 수백 개의 점포가 어쩔 수 없이 문을 닫게 되었다. 매일 신선한 닭고기를 점포에 공급하지 못해 KFC 지점 대부분이 문을 닫게 된 이 초유의 사태와 관련해 KFC는 소비자들의 너그러운 사과와 이해를 부탁하는 신문 광고를 제작해 큰 관심을 받았다.

붉은색 배경의 치킨을 담는 버켓에는 KFC가 아닌 FCK이라는 단어를 넣었다. KFC의 스펠링 순서를 바꿔 F*CK라는 영문 단어를 표현한 것인데 KFC는 '우리에게 욕을 하고 싶으면 실컷 해도 된다'라는 이야기를 FCK라는 단어로 위트 있게 전하는 것과 동시에 닭고기 공급 사태로 매장을 이용하지 못하게 된 고객들에게 진심 어린 사과의 메시지를 전하고자 한 것이다.

영국의 주요 일간지에 게재된 KFC의 사과문은 유머러스한 이미지로 시선을 사로잡았고, 정직하고 신뢰감 있는 자세로 매장 휴업 사태에 대한 솔직하고 진정성 있는 사과와 문제 개선을 위한 강한 의지도 보여주었다. 브랜드 신뢰도가 크게 추락할 뻔한 최악의 상황을 고객의 신뢰와 지지를 유지하는 의미 있는 기회로 활용하는 데 성공한 것이다.

신문에 실린 KFC의 사과문 전문

"치킨 매장에 치킨이 없습니다. 그건 결코 이상적인 게 아니죠.
특히 멀리서 매장을 찾아준 고객들에게
더 큰 사과의 말씀을 드립니다.
지금의 이 상황을 해결하기 위해 부단히 애쓰고 있는
KFC 팀 멤버들과 파트너들에게 감사를 표합니다.
정말 지옥 같은 한 주였지만 우리는 상황을 개선하는 중이며
매일 더 많은 신선한 닭고기가 매장에 공급되고 있습니다.
인내심을 갖고 기다려 주시는 여러분들 감사합니다."

마케팅 전략 4

결점을 숨기지 말고 전략적으로 활용하라

마케팅을 할 때 제품의 단점은 드러나지 않게 최대한 감추고 장점을 극대화하는 것은 너무나 당연한 일이다. 하지만 단점이나 결점을 있는 그대로 인정하는 것을 넘어서 '결점의 요소'를 완벽한 차별점으로 만들어 '탁월한 브랜드 경험'으로 바꾸는 마케팅 전략으로 새롭게 도약한 브랜드도 있다. 고객 입장에서 불편하고 번거롭거나 혹은 부정적인 이슈가 될 수 있는 요소를 감추지 않고 과감하게 드러내며 '브랜드의 존재감'을 높이는 소재로 활용하는 전략은 시장에서 새로운 수요를 만들어 낼 수 있다.

제품 결점을 강력한 브랜드 경험으로 탈바꿈시킨 치토스의 반전 마케팅

미국 프리토 레이(Frito Lay) 사가 1948년에 개발한 스낵 브랜드 치토스(Cheetos)는 우리에게도 치타 캐릭터인 체스터가 등장해 "언젠간 먹고 말 거야~"라는 멘트를 날리는 광고가 떠오르는 친근한 브랜드다. 국내에서는 1988년 오리온과 프리토레이가 합작사를 설립해 처음으로 선보였고, 2004년에 양사가 결별해 국내에서 단종이 되었다가 2004년 롯데제과가 프리토레이와 다시 손을 잡고 국내 시장에서 제조, 판매를 하고 있다.

치토스는 짭짤한 맛의 치즈 가루가 특징인데, 이 과자의 결점이라면 결점일 수 있는 것이 바로 과자를 손으로 먹다 보면 이 오렌지 컬러의 치즈 가루가 부스러기처럼 손에 잔뜩 묻게 된다는 것이다. 과자를 먹을 때 손에 지저분하게 묻게 되는 치즈 가루는 깔끔하게 과자를 먹고 싶어 하는 소비자들에게는 회피하고 싶은 부정적인 것, 즉 결점으로 받아들여질 수 있지만 치토스는 손에 묻는 이 '치즈 가루'를 오히려 더 부각시켜 치토스에 더 강력한 개성과 생명력을 불어넣는 데 성공한다.

그렇다면 치토스는 어떻게 브랜드의 결정적인 결점이 될 수 있는 지저분한 치즈 가루를 '브랜드를 강렬하게 어필하는 긍정적인 요소'로 부각시켰는지 치토스의 마케팅 전략을 통해 탐색해 보자. 지난 2020년 1월, 치토스의 캐릭터 체스터가 등장해 과자를 먹을 때 손에 묻는 치즈 가루를 '치틀(cheetle)'이라고 선언하는 영상을 소셜 미디어를 통해 공개하며 프리토레이는 치토스의 치즈 가루에 공식적으로 이름을 붙였다. 치토스라는 과자의 브랜드 네임처럼 치토스의 맛을 좌우하는 이 치즈 가루에도 '치틀'이라는 고유명사를 붙이면서 오히려 더 적극적으로 이슈 메이킹을 시작했다.

그 남자의 치토스 활용법
'Can't Touch This' (2020)

치토스의 과자 부스러기, 치틀을 적극적으로 마케팅에 활용하기 시작한 것은 바로 지난 2020년 슈퍼볼(Super Bowl) 시즌부터다.

치토스는 미국의 전설적인 래퍼인 MC 해머(MC Hammer)의 1990년 힙합 히트곡인 〈U Can't Touch This(이건 만질 수 없어)〉를 배경음악으로 활용해 MC 해머가 직접 출연하는 슈퍼볼 광고를 선보였다. 광고는 치토스 과자를 먹던 남성이 우연히 치토스를 이용해 귀찮은 일을 하지 않아도 되는 방법을 알게 되는 모습을 보여준다.

치토스를 먹던 남자가 손에 치즈 가루-치틀이 손에 묻게 되는데 이를 본 상사가 업무 요청을 하려다가 치틀이 잔뜩 묻은 손을 보고서는 업무 지시를 포기한다. 남자는 그 이후로 누군가 자신에게 하고 싶지 않은 일을 요청할 때마다(친구의 이사를 도와주는 것, 무거운 역기를 들며 운동하는 친구 서포트하기, 우는 아기를 안아주는 것 등) 치토스 과자와 함께 치틀이 잔뜩 묻은 자신의 손가락을 보여주면서 이를

핑계로 하고 싶지 않은 일에서 벗어나게 된다.

MC 해머의 노래 타이틀과 가사가 치토스의 과자 부스러기-치틀이 묻어서 그 어떤 것도 만질 수가 없다는 광고 속 상황이 절묘하게 맞아떨어지면서, 치토스는 치틀을 '손에 묻는 것을 피하고 싶은 과자 부스러기'가 아닌 치토스만의 차별화된 맛과 재미있고 신선한 경험을 만들어 내는 이슈 메이킹의 소재로 크게 부각시키는 데 성공했다.

나아가 치토스는 유튜브와 TV를 통해 슈퍼볼 광고를 온에어하는 것에 그치지 않고 치틀을 디지털에서도 체험해 보고 싶은 이슈로 부각시키고자 했다. 브랜드의 결점을 재미있는 브랜드 경험으로 바꾼 치토스의 디지털 캠페인에 대해서는 다음에서 살펴보도록 하자.

'치틀'로 치토스의 찐팬임을 인증하라!
'Cheetle ID' (2021)

2021년 7월, 치토스는 아디다스, 그리고 글로벌 아티스트인 배드 버니(Bad Bunny)와 손을 잡고 독점적인 패션 컬렉션 라인인 치토스 × 배드 버니 컬렉션(The Cheetos × Bad Bunny Collection by adidas)을 출시할 예정이었다. 하지만 온라인에서 새로운 컬렉션을 발매할 때마다 구매 봇과 리셀러가 제품을 부정적인 방법으로 구매할 수 있다는 점을 고민하던 치토스는 자사의 콜라보 컬렉션을 브랜드의 진정한 팬들이 구매할 수 있도록 하는 획기적인 방법을 고안했다.

치토스는 치토스를 즐겨 먹는 팬들의 손끝에서 답을 찾았다. 치토스를 먹어본 사람들이라면 모두가 손가락에 치토스의 오렌지색 가루 치틀을 남길 수밖에 없다는 사실을 떠올린 치토스는 사람들의 손가락에서 치틀을 인식하는 기술을 개발해 '리얼 치토스 팬 감지기(Real Cheetos Fan Detector)'를 만들었다.

그리고 아디다스 × 치토스 × 배드 버니 컬렉션을 구매하고자 하는 사람이 온라인 구매 사이트를 방문해 스마트폰, 노트북 등 모든 디바이스의 카메라에 치토스의 치틀이 묻은 손가락을 보여주고 치토스의 팬임을 인증받은 후 제품을 구매할 수 있게 했다. '자동화된 소프트웨어 봇'은 결코 할 수 없는 행위이자 진짜 치토스의 팬이라는 사실을 인증한 사람만이 패션 컬렉션 구매 페이지에 접속할 수

있게 한 'Cheetle ID(치틀 아이디)' 캠페인은 큰 성공을 거두었고, 치토스는 향후 패션 협업, 신제품 출시 및 라이브 이벤트를 진행할 때 'Cheetle ID'를 꾸준하게 활용하기로 결정했다.

핸즈프리 기술에 영감을 준 건 바로 치토스
'Hands Free' (2022)

핸즈프리 기술은 애플, 테슬라, 아마존과 같은 빅테크 기업이 수십억 달러를 투자하는 세계에서 가장 빠르게 성장하는 산업 중 하나다. 핸즈프리 기술은 현재 자율 주행 자동차부터 애플의 시리, 구글의 어시스턴트나 알렉사 같은 음성 비서, 그리고 애플의 페이스 아이디 같은 안면 인식 기술에 이르기까지 일상의 다양한 영역에서 사용되고 있다.

치토스는 지난 2022년 '모든 핸즈프리 기술의 영감이 사실 치토스 때문에 시작된 것은 아니었을까?' '우리가 공로를 인정받아야 하는 아닐까?'라는 재미있는 발상으로 치토스의 치즈 가루 치틀을 재미있게 떠올리며 경험할 수 있는 통합 캠페인을 전개했다. 치토스는 미국의 일간지 뉴욕타임스 전면 광고를 통해 시대를 혁신적으로 바꾼 다양한 핸즈프리 발명품들이 사실 치토스에 영감을 받은 것이 아닌가라는 장난기 섞인 화두를 던졌다. 그리고 자동문, 무인 자동차, 로봇 청소기, 안면 인식 기술 등의 핸즈프리 기술이 치토스를 즐겨 먹는 사람들의 경험에서 시작된 것이라는 사실을 알려주는 60초

분량의 TV와 온라인 광고를 공개했고 소셜 미디어에서는 다양한 인플루언서를 활용해 스마트폰의 핸즈프리 사용법을 알려주는 콘텐츠를 배포했다.

치토스는 여기서 그치지 않고 '핸즈프리 기술이 치토스에서 영감을 받은 것'이라는 메시지를 확산시키는 전방위적인 온·오프라인 캠페인을 진행한다. 디지털에서는 유튜브와 검색 광고를 절묘하게 활용했는데, 유튜브에서는 첨단 기술과 관련된 콘텐츠를 검색한 사용자가 영상을 보기 전에 치토스의 치틀이 묻은 손가락을 펼친 이미

지와 메시지가 보이는 프리롤 광고를 볼 수 있게 했고 구글에서는 핸즈프리와 관련된 키워드를 입력하면 치토스가 노출이 되도록 했다.

또한 핸즈프리와 관련된 기술을 개발한 애플, 테슬라 등과 같은 빅테크 기업의 본사나 지점 앞에서 이동식 차량을 활용한 광고를 진행하고 지하철역과 건물을 활용한 옥외 광고를 통해 '핸즈프리 기술 개발 시작은 치토스가 아닐까'라는 메시지를 오프라인에서도 확산시켰다. 치토스와는 전혀 연관성이 없는 첨단 기술을 소재로 치토스의 상징인 치틀을 자연스럽게 떠올리게 한 'Hands Free' 캠페인은 페이스북, 인스타그램, 트위터 등 소셜 미디어에서 10억 건 이상의 미디어 노출 효과를 달성하는 등 큰 성공을 거두었다.

캐나다 작은 마을에 세워진 치토스 대형 동상 'Cheetle in Cheadle' (2022)

지난 2022년 10월, 캐나다 앨버타주에 위치한, 인구가 채 100명도 안 되는 'Cheadle(치들)'이라는 이름의 작은 마을이 수많은 미디어가 찾는 화제의 장소로 주목을 받았다. 그 이유는 바로 대형 치토스 조각상이 이 마을에 등장했기 때문이다. 높이가 17피트(5미터)에 달하는 이 치토스 조각상은 손가락으로 거대한 치토스 과자를 들고 있는 형상으로, 손가락 끝에 치즈 가루 치틀이 묻어 있는 모습까지 실감 나게 재현되었다. 어떻게 캐나다의 작은 시골 마을에 대형 치토스 조각상이 세워지게 된 것일까?

이는 모두 치토스가 치밀하게 준비한 마케팅이었다. 치토스를 즐겨 먹는 사람들 대부분이 치토스의 대명사인 치즈 가루, '치틀'에 대해 알고 있지만 캐나다 지역에서는 오직 1.4%의 사람들만이 '치틀'에 대해 알고 있다는 점에 착안한 아이디어였다. 치토스는 캐나다에 치토스의 Cheetle(치틀)과 이름이 거의 비슷한 Cheadle(치들)이라는 이름의 작은 마을이 있다는 것을 알게 되었고, 이곳에 치토스의 상징인 치틀에 대한 자부심을 한껏 과시하기 위한 대형 치토스

조각상을 세웠다. 그리고 캐나다의 작은 마을에 세워진 치토스 조각상 이야기는 순식간에 퍼져 나갔다.

수많은 미디어에서 치틀을 실감 나게 재현한 치토스 조각상 소식을 전했고, 치토스의 팬을 포함해 캐나다 전역에 있는 수많은 사람들이 치토스 조각상과 셀카를 찍기 위해 치들 마을을 찾았다. 그리고 이 이야기는 순식간에 캐나다를 넘어 북미 그리고 전 세계의 미디어를 통해 확산되었다.

치토스 치틀 조각상의 등장은 온라인에서의 검색 결과에도 변화를 만들어 냈다. 캐나다 마을 치들을 소개하는 위키피디아 페이지에 치틀 조각상에 대한 소식이 업데이트되었으며 구글 지도에서는 '역사적 랜드마크'로 지정이 되었다. 심지어 헐리우드 영화배우 돈 치들(Don Cheadle)의 위키피디아 프로필 사진의 배경으로도 조각상의 이미지가 추가되었다. 이를 통해 치토스는 과자를 먹을 때마다 손가락에 묻는 작은 부스러기 치틀이 '치토스의 자부심이자 상징'이라는 점을 다시 한번 장난기 가득하면서도 유쾌한 방식으로 알리는 데 성공했다.

치토스는 과자를 먹을 때 손에 잔뜩 묻어나 부정적인 결점의 요소가 될 수 있는 '과자 부스러기, 치틀'을 숨기는 것이 아니라 오히려 반대로 브랜드 치토스의 상징적인 요소로 활용했다. 그리고 매번 새로운 브랜드 경험을 만들어 내는 마케팅을 통해 브랜드 치토스를 새롭게 정의하는 데 성공했고, 소비자에게는 치토스 과자를 먹는 경험 자체를 신선하고 재미있는 소비문화로 인식하도록 만들었다.

치토스가 '치틀'을 마케팅에 활용하는 전략은 제품 경험에서 자칫 부정적인 경험이 될 수 있는 요소나 제품의 구매 결정에 별다른 영향을 갖지 않는 작은 요소들을 오히려 '강력한 브랜드 경험'의 요소로 부각시키며, 이를 통해 브랜드 선호도를 크게 높이는 한 차원 높은 수준의 브랜딩 전략을 보여준다는 점에서 단연 주목할 만하다.

마케팅 전략 5

사용자의 행동을 이끌어 내는 옥외 광고 전략을 고민하라

전통적인 매체로 취급받던 옥외 광고는 최근 광고의 홍수 속에서 보다 진화하고 있는데, 광고의 활용법이 다양해지면서 여전히 큰 파급력과 영향력을 가진 매체로 평가받고 있다. 최첨단의 디지털 기술과 결합하지 않더라도 획기적인 아이디어를 통해 사용자의 참여를 효과적으로 만들어 내거나 브랜드나 제품을 강렬하게 떠올리며 사람들이 적극적으로 반응하게 만들 수 있는 옥외 광고 전략이 필요한 이유다.

케첩 브랜드가 최악의 별점 가게들을 변화시키다!
최악의 음식점을 마케팅에 끌어들인 대담한 옥외 광고

케첩 하나가 음식점의 평점을 바꿀 수 있을까? 영국, 독일, 호주 등에 지사를 둔 글로벌 케첩 브랜드 커티스 브라더스(Curtice Brothers)는 100% 유기농으로 만든 케첩의 맛을 강조한다. 브랜드의 슬로건도 특별한데, '맛없는 음식도 맛있게 만드는 케첩'이라는 'Making not OK food OK since 1868'이다.

커티스 브라더스는 지난 2022년 독일에서 케첩의 맛을 증명하는 파격적이면서도 대담한 마케팅을 진행했다. 바로 최악의 평점을 받은 음식점들을 활용하는 것이다. 커티스 브라더스는 글로벌 여행 플랫폼 트립어드바이저(Tripadvisor)에서 가장 낮은 평점을 받은 베를린의 레스토랑을 모두 찾아 커티스 브라더스 브랜드의 케첩을 제공하고 테이블에 비치해 가게를 찾은 고객들이 사용할 수 있게 했다.

그리고 2~3개월이 지난 후 최악의 평점을 받았던 음식점의 트립어드바이저 평점과 리뷰에 변화가 일어났다는 사실을 확인했다. 여러 가게들이 커티스 브라더스 케첩을 음식점의 테이블에 비치한 후 가장 낮은 평점에서 한 단계 이상 평점이 상승했고, 사람들의 리뷰에서도 '좋다(Nice)'라는 단어가 '최악이다(Worst)'보다 2.3배 더 많이 언급이 되는 등 긍정적인 변화가 일어난 것이다.

커티스 브라더스는 이 결과를 마케팅에 활용했다. 최악의 평점을 받았지만 케첩 하나로 평점이 상승한 레스토랑 근처에 트립어드

바이저 사용자들이 남긴 리뷰와 평점 변화의 결과와 함께 커티스 브라더스 케첩을 알리는 옥외 광고 캠페인을 진행했다. 그리고 소셜 미디어에서는 가게와 가까운 장소에 있는 사용자들을 타깃으로 하는 위치 기반의 광고를 함께 진행했다.

커티스 브리더스는 트립어드바이저 사용자의 실제 의견으로 만든 옥외 광고와 소셜 미디어 광고를 통해 자사의 케첩이 음식의 맛에 미치는 영향을 보다 효과적으로 증명해 보인 것이다. 그 결과

맛없는 음식도 맛있게 만든다는 'Making not OK food OK since 1868'이라는 브랜드의 슬로건을 특별하게 체험하게 만들었고, 음식에 대한 평점까지도 바꾸게 만들어 커티스 브라더스 케첩을 탁월하게 알리는 데 성공했다.

커티스 브라더스의 캠페인은 특히 두 가지 점에서 주목할 만하다는 평가를 하고 싶다. 최악의 평점을 가진 가게를 활용해 신선한 유기농 토마토케첩의 맛을 증명하기 위한 궁극의 미각 테스트 전략을 실행했다는 것, 그리고 평점 변화의 결과를 얻은 음식점과 가까운 위치에 옥외 광고를 집행해 광고 효과를 높이는 고도의 매체 전략을 보여주었다는 것이다.

라디오 광고 모델을 찾습니다!
뉴질랜드 통신사의 사용자 참여 옥외 광고 캠페인

뉴질랜드의 통신회사 스키니(Skinny)는 저렴한 가격을 장점으로 내세우는 이동 통신사다. 그래서 큰 비용을 들여 인기 연예인이나 셀럽을 광고 모델도 쓰지 않고 마케팅 비용을 줄여서 고객들에게 저렴한 가격으로 서비스를 제공하는 것을 가장 중요하게 생각한다.

2023년에 스키니는 특별한 방식으로 일반인들을 라디오 광고 모델로 섭외하는 캠페인을 전개했는데 이때 옥외 광고를 가장 핵심적인 매체로 활용했다. 라디오 광고의 스크립트와 전화번호를 함께 노출하고, 스크립트를 읽는 목소리 녹음의 참여를 제안하는 옥외 광고를 제작해 사람들이 라디오 광고 모델 콘테스트에 참여할 수 있도록 한 것이다. 그리고 해당 스크립트는 스키니의 차별화된 가격 경쟁력을 중점적으로 소개하는 내용으로 구성을 했다. 옥외 광고에 안내된 전화번호로 사용자가 전화를 하면 음성 안내 메시지가 나오고 목소리를 녹음해 제출하는 방식인데 주목할 점은 스키니가 건물을 활용한 옥외 광고뿐 아니라 다양한 옥외 매체를 전방위적으로 활용했다는 것이다.

스키니는 옥외 광고가 진행이 되는 지역의 위치 등을 반영해 34개의 맞춤형 스크립트를 제작하여 건물, 테이크아웃 커피 컵, 코스터, 우유 패키지 등을 활용해 옥외 광고 포스터를 제작했고 신문 광

고와 극장 광고도 활용해 오프라인의 다양한 접점에서 사용자 참여를 제안하는 매체 전략을 실행했다.

그 결과는 어땠을까? 스키니의 라디오 광고 모델을 찾는 캠페인에 2560건의 목소리가 제출되었는데 이는 무려 22시간의 라디오 광고 분량에 달할 정도였고, 광고 목소리에 참여한 사람들의 65%가 경쟁사 이동 통신 서비스를 이용하는 고객이었다. 스키니는 경쟁사의 서비스를 이용하는 사람들에게 자사의 저렴한 이동 통신 서비스를 효과적으로 제안하는 데 성공하면서 캠페인 기간 동안 전년 대비 34% 신규 가입자가 증가하는 성과도 거두었다.

뉴질랜드 통신사 스키니가 이렇게 사람들의 목소리를 찾는 캠페인을 진행한 기획 배경도 흥미롭다. 다른 경쟁사와 광고비 지출에서 경쟁하는 것이 어렵기 때문에 뛰어난 감각을 가진 일반인 모델을 찾아 그들에게 좋은 리워드를 제공하는 것이 훨씬 효과적이라 생각했으며, 이런 참여 과정에서 많은 사용자들이 스키니의 통신 서비스가 합리적이라는 점을 체험하는 기회를 만드는 프로모션이 될 수 있다는 것이다.

대다수의 사람들은 브랜드나 제품의 광고에 무관심하거나 특정 광고에 의도적으로 관심을 갖고 상세하게 살펴보지 않는다. 스키니의 옥외 광고 캠페인에 주목해야 하는 포인트가 바로 여기에 있다. 스키니는 일반인 라디오 광고 모델을 찾는 스크립트를 브랜드에 가장 적합한 목소리를 가진 주인공을 찾기 위한 참여 미션의 수단으로 활용했고, 그 과정에서 사람들이 가격 경쟁력이 있는 이동 통신사 브랜드의 서비스 혜택을 소개하는 옥외 광고에 의도적으로 관심을 갖고 집중하게 만들었다. 그리고 그 결과 '이동 통신 서비스를 저렴한 가격으로 이용할 수 있는 브랜드'라는 점을 효과적으로 알리는 성과를 만들어 낼 수 있었다.

인스타그램으로 완성하는 버거킹 옥외 광고

지난 2022년 4월 브라질 상파울루 전역에서 진행된 버거킹의 옥외 광고는 사람들의 시선을 끌기에 충분했다. 옥외 광고가 제대로 완성이 되지 않고 비어 있는 상태였기 때문이다. 일반적으로 브랜드의 특정 제품의 할인 프로모션을 알리는 옥외 광고에는 제품 사진이나 이름과 함께 구체적으로 어떤 할인 혜택이 제공이 되는지 등에 대한 내용들이 모두 들어 있다.

하지만 버거킹의 옥외 광고에는 하단에 버거킹 로고와 9.9헤알(R$), 2 for 1(1개 가격으로 2개 제공), 50% off처럼 저렴한 가격과 할인 프로모션을 언급하는 문구만 있을 뿐 그 어떤 제품 사진도 보이지 않았고, 행사 기간을 안내하는 내용도 보이지 않았다. 이전에 보지 못했던 특별한 옥외 광고에 관심을 가진 사람들이 좀 더 가까이에서 옥외 광고를 살펴보면 텅 비어 있는 공간에 작은 글씨로 된 안내 문구를 확인할 수 있다. '텅 빈 옥외 광고를 직접 만들어서 완성하라'는 것이다.

그렇다면 사람들은 어떻게 버거킹의 비어 있는 옥외 광고를 완성할 수 있는 것일까? 버거킹이 안내하는 참여 과정은 다음과 같다. 인스타그램을 실행하고 인스타그램 스토리에서 옥외 광고 사진을 촬영해서 버거킹의 제품 사진으로 만든 인스타그램 스토리 전용 스티커를 포함한 다양한 기능들을 활용해 제품 할인 및 증정 이벤트를 만든다. 즉 텅 빈 옥외광고를 자신이 원하는 방식으로 완성하는 것이다. 사용자가 인스타그램으로 완성한 버거킹의 옥외광고 사진을 '버거킹의 제안'이라는 의미를 가진 해시태그 #offerBK와 버거킹 브라질의 인스타그램 계정을(@burgerkingbr) 태그해 업로드하면 무료 버거를 받을 수 있는 쿠폰을 인스타그램 DM을 통해 증정했다.

사용자가 원하는 제안을 담아 인스타그램으로 버거킹의 옥외 광고를 완성하는 캠페인은 큰 성공을 거두었다. 캠페인이 진행된 3일 동안 버거킹 브라질이 진행했던 기존 옥외 광고와 비교해 4배가 넘는 사람들이 관심을 보였고, 인스타그램 스토리에서 버거킹과 관련된 인터렉션(interaction) 활동이 300% 이상 증가하는 성과를 만들어 냈다.

버거킹 브라질의 옥외 광고 캠페인에 주목하게 되는 것은 오프라인의 옥외 광고와 소셜 미디어를 활용하는 사용자 참여를 연계해 상호 작용을 획기적으로 만들어 내는 아이디어를 보여준다는 점 때문이다. 버거킹은 옥외 광고 자체가 스케치를 하거나 색칠을 하고 스티커를 붙이는 등 사용자가 채워가는 캔버스나 노트 같은 재미

있는 작업의 도구가 되도록 했다. 또한 스마트폰을 가진 사람이라면 대다수가 사용하고 있는 인스타그램의 다양한 기능들을 활용해 자신만의 방식으로 인스타그램 스토리를 완성하는 등 일상 속 소셜 미디어 활동을 통해 버거킹의 옥외 광고에 보다 적극적으로 반응하고 참여하도록 만들었다.

마케팅 전략 6

뭉쳐야 산다,
전략적으로 손을 잡아라

미디어나 뉴스에서 우리는 하루에도 수많은 브랜드들의 콜라보레이션 소식들을 접한다. 서로 다른 업종의 브랜드가 경계를 허물고 각자의 개성을 조합해 새로운 제품이나 서비스를 제안하고, 이를 통해 신선한 브랜드 이미지를 만들어 낸다. 또한 남다른 감각을 가진 아티스트나 인기 연예인, 셀럽과 손을 잡고 기존의 제품에 새롭고 특별한 경험 요소를 더해 구매 욕구를 만들어 내면서 실제 제품 구매까지 이끌어 내기도 한다.

국내에서도 콜라보 마케팅이 대세가 되면서 콜라보가 브랜드 정체성을 재미있게 조합한 제품이나 굿즈 출시와 같은 방식에 치우치게 된 것도 사실이다. 성공적인 콜라보를 위해서는 고객과 만나는 영역을 확대할 수 있는 최적의 파트너를 적극적으로 발굴하고, 제품이나 서비스 체험의 진입 장벽을 낮추거나 익숙한 것에 낯선 요소를 더해 새로운 브랜드 경험을 만들어 내는 등 차별화된 전략이 필요하다.

넷플릭스와 스포티파이는 왜 손을 잡았을까?
스포티파이와 넷플릭스의 콜라보 '넷플릭스 허브'

지난 2021년 하반기, 스트리밍 서비스에서 가장 독보적인 입지를 갖고 있는 두 브랜드인 넷플릭스와 스포티파이가 흥미로운 콜라보 소식을 발표했다. 넷플릭스와 스포티파이가 손을 잡고 스포티파이에서 넷플릭스가 제작한 영화, 드라마 등의 OST와 플레이리스트,

팟캐스트를 한곳에 모아 감상할 수 있는 'Netflix Hub(넷플릭스 허브)'라는 서비스를 시작한 것이다.

이를 통해 〈오징어 게임〉, 〈종이의 집〉, 〈기묘한 이야기〉, 〈브리저튼〉 등 넷플릭스 인기 시리즈의 음악을 스포티파이에서 쉽게 검색해 감상할 수 있다. 스포티파이는 우선 미국, 영국, 캐나다, 호주, 뉴질랜드, 아일랜드, 인도 등 7개국에서 넷플릭스 허브 서비스를 시작한다고 밝혔는데 두 브랜드의 협업에서 주목하게 되는 점이 한 가지 있다. 넷플릭스와 스포티파이가 이번 협업을 진행하면서 어떠한 지분 교환이나 비용 지급 등의 계약을 진행하지 않았다는 점이다.

넷플릭스 허브의 경험 프로세스는 기본적으로 두 가지 경우를 생각해 볼 수 있다. 넷플릭스에서 영화나 드라마를 시청하다가 음악이 궁금해지면 넷플릭스 허브에서 검색해 음악에 대한 정보를 얻는다. 반대로 넷플릭스 허브에서 플레이리스트를 들어보고 음악이 좋으면 넷플릭스에서 영화나 드라마 등 콘텐츠를 검색해 정보를 얻고 시청하게 되는 것이다. 참고로 스포티파이에서 2만 2500개 이상의 〈오징어 게임〉 관련 음악 플레이리스트가 만들어졌다고 한다.

음악을 즐겨 듣는 스포티파이의 구독자는 넷플릭스의 구독자이거나 구독자가 될 가능성이 높고, 또 반대로 넷플릭스의 구독자라면 스포티파이의 구독자이거나 구독자가 될 가능성이 높을 것이다. 넷플릭스 허브는 넷플릭스와 스포티파이 두 개의 브랜드가 서로의 플랫폼에서 자사의 콘텐츠를 최적으로 경험할 수 있는 공간을 제공하면서 영상과 음악 서비스를 즐기는 두 브랜드의 구독자들에게 더 풍부한 콘텐츠 경험을 제공했다. 이를 통해 두 브랜드 모두에게 윈

윈이 되는 전략적인 협업을 만들어 냈다.

파스타를 완벽하게 만들어주는 플레이리스트
파스타 브랜드와 음악 스트리밍 브랜드의 절묘한 만남

파스타를 만들 때 맛을 좌우하는 가장 중요한 요리 과정 중 하나는 파스타 면을 삶는 것이다. 파스타 면의 종류에 따라 가장 맛있게 먹을 수 있는 식감을 느낄 수 있는 시간이 조금씩 다르기 때문이다. 지난 2021년 이탈리아 식품업체 브랜드 바릴라(Barilla)는 글로벌 음원 스트리밍 서비스 브랜드 스포티파이와 함께 '파스타

를 완벽하게 만들어 주는' 음악 플레이리스트를 공개했다. 'Playlist Timer(플레이리스트 타이머)'는 파스타 면을 삶는 정확한 시간을 체크할 수 있는 타이머를 음악 플레이리스트에 접목시킨 것으로, 스파게티, 링귀니, 푸실리, 펜네 등 파스타 면의 종류에 따라 면을 삶는 데 필요한 시간별로 팝, 힙합, 인디, 이탈리아 전통 음악 등 다양한 장르로 구성된 9분에서 11분 분량의 8개의 플레이리스트를 제공했다.

바릴라 제품을 구매하는 고객은 자신이 구매한 파스타의 종류에 따라 면을 삶는 시간과 일치하는 플레이리스트를 찾아 음식을 만들며 좋은 음악을 감상할 수 있을 뿐 아니라 가장 맛있는 파스타도 만들 수 있다. 바릴라는 파스타 면의 조리 시간과 일치하는 8개의 플레이리스트 타이틀을 만들고, 이탈리아 아티스트가 참여한 앨범 커버도 제작해 마치 음반을 출시한 것 같은 특별한 시각적 경험도 만들어 냈다.

바릴라와 스포티파이의 콜라보에서 주목할 점은 파스타와 음악이라는 전혀 다른 카테고리의 제품과 서비스 경험을 탁월한 방식으로 연결했다는 것이다. 파스타를 만드는 요리의 과정을 음악을 듣는 엔터테인먼트적인 경험으로까지 확장시키는 획기적인 브랜드 경험으로 완성시켰다는 점에서 두 브랜드의 만남은 충분히 신선하고 매력적이다.

이케아 카탈로그 속 공간을

동물의 숲 게임으로 구현하다!

이케아와 '닌텐도 동물의 숲' 콜라보 디지털 캠페인

이케아는 변화하는 미디어 환경을 받아들여 2021년부터 지난 70년간 제작했던 종이 카탈로그의 발간을 전격 중단하고 온라인과 디지털에 집중하겠다는 방침을 밝혔다. 그리고 지난 2021년 대만에서 디지털 카탈로그를 제작하면서 닌텐도 스위치 게임 '모여봐요 동물의 숲'과 특별한 콜라보를 진행했다. 바로 이케아 카탈로그를 '모여봐요 동물의 숲' 버전으로 제작한 것이다.

카탈로그 속에서 이케아는 다양한 가구 아이템들로 연출된 실제 오프라인 공간들을 닌텐도 동물의 숲 게임을 활용해 디지털로 기발하게 재현했다. 이케아 카탈로그 속 거실과 부엌, 침실 등 공간 연출에 사용된 가구들의 디자인과 배치뿐 아니라 벽면 장식, 카펫, 쿠션 등 다양한 소품들도 최대한 유사하게 '동물의 숲' 게임 안에서 구현했을 뿐 아니라 게임 속 주민들의 모습 역시 카탈로그 속 인물들의 헤어스타일과 복장까지 비슷하게 만드는 데 성공했다.

이케아 카탈로그에서는 실제 이케아 가구와 소품으로 연출한 공간을, '동물의 숲' 게임에서는 디지털로 재현된 공간을 나란히 배치해 비교해서 볼 수 있도록 했으며, '동물의 숲' 게임으로 재현된 이케아 카탈로그를 디지털 콘텐츠로 만들어 소셜 미디어 계정을 통해서도 체험할 수 있도록 하여 입소문 효과를 높였다.

이케아와 닌텐도 '동물의 숲'의 콜라보는 두 가지 관점에서 시선을 끈다. 첫 번째로 메타버스를 대표하는 게임인 '모여봐요 동물의 숲'과 손잡고 이케아 제품들로 연출한 실제 공간을 게임 속 공간에서 그대로 재현하는 획기적인 시도를 통해 디지털과 온라인에 집중하는 카탈로그의 전략적인 변화를 효과적으로 증명해 보였다는 점이다. 두 번째로는 '모여봐요 동물의 숲' 게임의 사용자 팬덤을 활용해 이케아 브랜드에 대한 새로운 관심과 참여를 적지 않게 이끌어냈다는 점이다. 이렇게 디지털 공간과 현실의 공간을 연결하는 참신한 콜라보 아이디어를 통해 이케아는 브랜드에 대한 미디어의 홍보 효과를 대만뿐 아니라 전 세계에 걸쳐 만들어 낼 수 있었다.

새로운 고객을 확보하기 위한 최적의 파트너를 찾다
방향제 브랜드와 월마트가 손잡은 샘플 마케팅

화장품이나 향수와 같은 뷰티 제품이나 방향제 같은 제품을 살 때는 흔히 오프라인 매장에서 직접 제품을 테스트해 보거나 소량의 샘플을 통해 먼저 체험해 보는 경우가 많다. 방향제 브랜드 글레이드(Glade)가 지난 2019년 미국에서 진행한 샘플 및 체험 마케팅 케이스를 살펴보면 고객을 찾아가는 새로운 방법에 대한 다양한 아이디어와 영감을 얻을 수 있다.

글레이드는 미국의 슈퍼마켓 체인인 월마트와 손을 잡고, 온라인으로 월마트의 제품을 구매한 온라인 커머스 회원을 대상으로 글레이드의 제품을 체험할 수 있는 방법을 기획했다. 온라인을 통해 제품을 주문하면 제품이 파손되지 않고 안전하게 배송되도록 에어팩을 사용하게 되는데, 글레이드는 제품 배송에 사용되는 이 에어팩을 기발하게 활용했다. 바로 에어팩에 글레이드의 향이 담긴 공기를 넣는 것이다.

글레이드의 향이 담긴 에어팩에는 향의 이미지를 감각적으로 표현하는 사진을 붙였고 향을 안내하는 간단한 설명 그리고 '바코드'를 프린팅했다. 월마트는 온라인 쇼핑몰의 고객 구매 데이터를 분석해 공기 청정 및 방향제 등과 같은 에어 케어(Air Care) 관련 제품의 구매 경험이 있는 고객들을 찾아냈고, 그들이 월마트 쇼핑몰을 통해 제품을 구매할 경우 글레이드의 향이 담긴 에어팩을 넣은 택배 박스에 넣어 발송했다. 그리고 택배를 수령한 고객들은 에어팩의 공기를 빼기 위해 칼이나 가위 등을 이용해 에어팩을 찢는 대신 안내에 따라 에어팩을 두 손으로 터뜨린 후 글레이드의 특별한 향을 체험했다.

여기서 그치치 않고 글레이드는 고객의 샘플 체험을 구매 경험으로 적극적으로 연결했다. 에어팩에 프린팅된 바코드를 스캔하면 에어팩 속의 향을 담은 글레이드의 방향제에 대한 정보를 구체적으로 탐색할 수 있으며, 제품을 구매할 수 있는 모바일 사이트를 방문할 수 있도록 만든 것이다.

글레이드의 마케팅에서는 두 가지 관점에서 좋은 인사이트를 발견할 수 있다. 첫 번째는 자사의 제품에 관심을 가질 만한 새로운

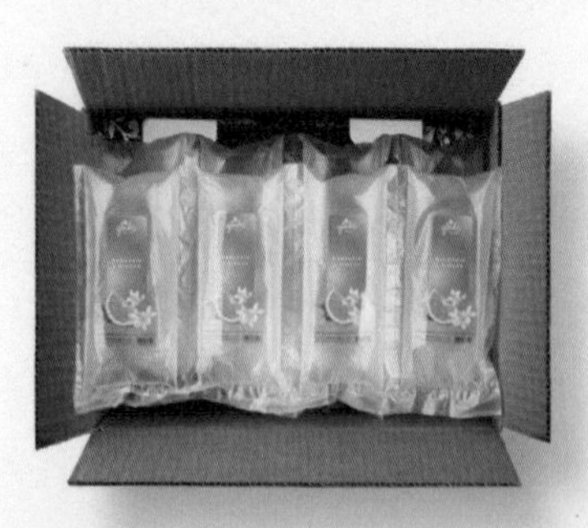

잠재 고객들을 찾기 위해 최적의 파트너를 찾았다는 점이다. 미국 최대 유통 기업 월마트가 확보한 온라인 쇼핑몰 회원들 중 온라인 쇼핑 구매 데이터를 기반으로 에어 케어 제품 구매 가능성이 높은 고객들을 추출해 전략적으로 겨냥했다.

두 번째는 월마트 온라인 쇼핑몰 이용자들을 타깃으로 그들이 글레이드의 향을 재미있게 체험할 수 있는 신선한 브랜드 경험을 만들었다는 점이다. 월마트의 온라인 커머스와 손을 잡았다 하더라도 기존과 같은 방식으로 단순히 샘플을 제공할 수도 있었겠지만 글레이드는 배송 물품이 파손되지 않게 보호할 수 있도록 공기가 삽입되는 에어팩의 기능에 주목했다. 그리고 '글레이드의 향을 담은 공기로 가득 채운' 에어팩을 제작해 물건이 배송되고 나면 에어팩을 찢어 버리는 단순하고 보잘것없는 과정을 글레이드의 향을 흥미로운 방식으로 체험할 수 있는 획기적인 브랜드 경험으로 만들었다.

마케팅 전략 7

브랜드나 제품을 완전히 새로운 관점으로 제안하라

수많은 브랜드들이 치열하게 경쟁하는 시장 상황에서 소비자들은 구매를 결정하는 과정에서 매번 다양한 선택지를 앞에 두고 있다. 자신이 특정 브랜드의 제품을 선택해야만 하는 이유를 찾고 있는 것이다. 그래서 꼭 새로운 제품이 아니더라도 이미 존재하고 있는 제품의 특별한 속성이나 강점을 새로운 시선으로 발견하도록 하거나, 새로운 연결 고리를 찾아 제품이 필요한 이유를 제안하는 전략을 통해 고객이 브랜드를 선택하게 만드는 것이 중요하다.

광고에서도 인공 첨가제를 모두 뺐다
사람들의 진짜 먹방 사진으로 만든 광고

버거킹은 2025년까지 모든 버거, 샌드위치 메뉴에서 인공 첨가제를 100% 사용하지 않겠다는 의지를 공개적으로 밝혔다. 지난 2022년 버거킹은 멕시코에서 론칭한 'Non Artificial Mexico(논 아티

피셜 멕시코)'라는 타이틀의 캠페인에서 특별한 방식으로 인공 첨가제를 사용하지 않은 버거킹의 맛을 알렸다. 보통 패스트푸드 브랜드의 광고에서는 멋진 연예인이나 모델이 등장해 실제 제품보다 더 푸짐하게 연출이 된 음식을 먹는 모습을 많이 보여준다. 하지만 버거킹 멕시코는 전혀 다른 방식으로 광고를 제작했다.

인기 모델이나 셀럽이 출연하거나 버거킹 와퍼 또는 샌드위치 메뉴들이 돋보이게 촬영한 이미지를 사용하는 대신 거리 곳곳에서 멕시코 사람들이 버거킹의 햄버거와 감자튀김 등을 즐기는 일상의 상황들을 의도적인 연출을 전혀 사용하지 않고, 있는 그대로 포착해 리얼한 흑백 사진으로 담아냈다. 이 사진들은 버거킹이 고용한 사진작가가 2개월 동안 멕시코 곳곳을 다니며 포착한 것으로, 버거킹은 실제 멕시코 시민들이 버거킹 메뉴를 즐겨 먹거나 경험하는 일상 속 사진들을 모아 광고를 만든 것이다. 그리고 모든 광고 시리즈에는 'Real Tastes Better(리얼한 것이 더 맛있다)'라는 카피를 넣었다. 인공 색소, 향신료, 방부제 등과 같은 '인공 첨가제를 사용하지 않은 버거킹 버거, 샌드위치가 더 맛있다'라는 메시지와 버거킹 제품의 친환경성을 보다 특별하면서도 친숙하게 알리기 위해서였다.

버거킹은 멕시코 시민들이 버거킹을 맛있게 먹는 있는 그대로의 사진들을 광고로 제작하는 것에 그치지 않고 이를 사진전으로 개최해 더 많은 사람들이 사진을 체험할 수 있도록 했다. 버거킹은 '인공 첨가물을 사용하지 않는다'는 메뉴의 제조 과정에 빗대어 광고에서도 모델이나 셀럽이 등장해 음식을 멋지게 먹는 사진 같은 지나치게 가공되고 인위적인 작업물을 사용하지 않았다.

잡지나 텔레비전에서는 결코 볼 수 없는, 버거킹을 실제로 즐겨 먹는 진짜 평범한 사람들의 자연스러운 모습을 통해 '버거킹에 대한 고객들의 강한 애정'을 증명하는 것과 동시에 '인공 첨가제를 더 이상 사용하지 않겠다'는 브랜드의 의지를 보다 진정성 있게 그리고 확실하고 남다른 방식을 통해 알렸다.

술 대신에 코카콜라로 건배를
입사 시즌 회식 문화를 겨냥한 코카콜라 재팬의 제안

일본에서는 대부분의 회사에서 신입 사원 출근이 4월 1일부터 시작된다고 한다. 4월은 신입 사원이 새로운 사회생활을 시작하게 되는 시기이자 선배에게는 새로운 후배를 만나게 되는 의미 있는 기간이 된다. 지난 2022년 4월, 코카콜라 재팬은 새로운 사회인으로서 첫걸음을 내딛는 신입 사원을 겨냥해 코카콜라를 새롭게 제안하는 캠페인을 진행했다. '이런 건배 있어요'라는 타이틀의 캠페인은 바로 직장인들의 회식 문화를 겨냥해 술을 대신해 코카콜라로 건배를 하자는 것이다.

사회생활을 막 시작하는 신입 사원은 직장에서 환영회 등의 이슈로 술자리가 많아지는데, 익숙하지 않은 술을 마시는 것이 걱정이 된다면 술 대신 코카콜라를 선택할 수 있다는 사실을 기억하라는 당부를 하며 코카콜라가 있다면 술을 마시지 않아도 건배는 누구에게나 기분 좋은 순간이 될 수 있다는 메시지를 전했다. 그리고 회사의 선배들을 겨냥해서도 술을 잘 마시지 못 하는 신입 사원이 코카콜라 음료를 마시게 되더라도 술자리에서 기꺼이 건배를 해달라는 당부의 이야기를 전하며 건전한 회식 문화의 동참을 호소했다.

코카콜라는 신입 사원의 새로운 사회생활과 시작을 응원하면서 직장에서의 회식 문화를 마케팅의 소재로 활용하여 술을 마시지 않아도 즐겁게 건배를 나누자는 메시지를 전하고, 술을 대신하는 음료로 코카콜라가 좋은 대안이 될 수 있다는 참신한 명분을 만들어 냈다.

사회 초년생 여러분,
입사를 축하합니다.

직장 회식 자리에서 혹시 익숙하지 않은 술에 불안을 느끼면
건배로 청량음료도 선택할 수 있다는 사실을
기억하시기 바랍니다.

선배님들도 잘 지켜봐 주시길 부탁드립니다.

다 같이 모여서 건배하는 것이 특별한 일이 된 시대,
술을 마시지 않아도
건배가 누구에게 있어서도 기분 좋은 순간이 되도록
일본 코카·콜라는 응원하고 있습니다.

#이런건배있어요

산토리 음료가 세계관을 활용하는 방법 비인기 음료들을 소셜 미디어에서 홍보하는 '산토리 마이너즈'

브랜드의 세계관이라고 하면 보통 빙그레의 인스타그램처럼 만화 캐릭터를 등장시키거나 어떤 특별한 스토리를 만들어야 한다고 생각하는 사람이 많을 것 같다. 하지만 일본의 산토리 음료가 제

품 라인업을 활용하는 방법을 보면 브랜드의 세계관을 만들어 내는 아이디어와 관련된 신선한 영감을 받게 된다.

다른 많은 기업들과 마찬가지로 산토리에는 다양한 음료 브랜드가 있는데, 모든 브랜드가 소비자들에게 큰 사랑을 받는 것은 아니다. 상대적으로 선호도가 적은 브랜드도 적지 않은데, 산토리는 이 브랜드들을 중점적으로 알리는 프로모션을 소셜 미디어에서 일정

기간 동안 진행했다. 산토리의 9가지 음료 브랜드를 선정해 '산토리 마이너즈 그룹 활동'이라는 방식으로 한 달 동안 집중적으로 트위터를 통해 알리는 커뮤니케이션을 진행한 것이다. 마치 〈싱어게인〉 같은 도전 프로그램처럼 '한 번 더 기회'가 필요한 가수들에게 대중 앞에 설 수 있는 기회를 주듯이 말이다.

노려라! 메이저 음료!
분명 본 적이 있는 우리. 하지만 우리는 마이너예요.

검색 후보는 "OO 어디서 팔아?", "OO 아직도 팔아?"
"직원 중에 모르는 사람이 있어…"
누구나 다 아는 이에몬 씨나 BOSS 씨,
부럽네요.

"확실히 우리는 지명도는 없지만,
맛에서는 지지 않을 것입니다."
…라고 투덜거리고 있었더니,
이 계정으로 1개월간의 어필 찬스를 받았습니다.

지금 응원해 주시는 팬분들께
한번쯤 마셔보신 분들께
그리고 아직 저희를 모르는 분들께.

우리의 매력이 닿도록

오늘 '산토리 마이너즈' 결성입니다.

마이너지만 열심히 하겠습니다!

산토리 마이너즈.

9개의 제품으로 결성된 산토리 마이너즈는 트위터에서 소비자들을 겨냥해 '우리가 더 열심히 활동할 테니 좀 더 많은 관심을 가져달라'고 말을 건네고 '산토리 마이너즈 자기소개서'를 만들어 제품의 맛과 특징을 소개했다. 또 주변 지인들에게 '많이 소개해달라', '리트윗을 해달라'고 호소하는 등 자신들의 인지도를 높이기 위한 활발한 홍보 활동을 진행했다.

산토리 마이너즈 활동에서 주목할 점은 모든 커뮤니케이션에서 소비자들의 애정을 갈망하는 9개의 산토리 제품들이 마치 사람처럼 1인칭 시점으로 트위터 사용자(소비자)들에게 말을 건네고 관심을 호소했다는 점이다. 살아 움직이는 캐릭터처럼 비주얼로 표현이 되지는 않지만 산토리 마이너즈는 마치 오디션 프로그램에서 자신에게 투표해달라고 적극적으로 호소하는 참가자처럼 인간적인 모습으로 소비자들에게 더 큰 관심과 애정을 호소하며 대화를 나누었다.

산토리 마이너즈가 여러분에게

'지명도를 올리고 싶다!'라는 목적으로 결성해 1개월간

트위터로 어필을 계속한 우리 산토리 마이너즈.

"다 알고 있고 다 마셔봤어요!", "이 음료의 광팬입니다."
"전혀 마이너가 아니예요. 맹활약하시는 분들이에요."
"내 안에서는 다 메이저급이에요."
그런 여러분의 댓글에 눈물이 그치지 않았답니다
옛날에 우리를 마셔주고 추억에 젖어준 사람,
최근에 알아준 사람, 이번이 처음이었던 사람…
넘치는 사랑을 강하게 느꼈어요.

마이너즈의 그룹 활동은 이것으로 끝이지만 앞으로도
남녀노소 모두에게 사랑받는 음료를 목표로 할게요.
여러분도 자판기나 노래방이나 가까운 슈퍼에서 저희 모습을
보면서 몰래 응원해 주시면 정말 고마울 거예요.

한 달 동안 정말 감사했습니다!!!
SUNTORY

세계관 마케팅을 기획할 때 꼭 빙그레우스처럼 한눈에 시선을 사로잡을 만한 캐릭터를 구현하지 않아도 되지 않을까? 이렇게 제품 본연의 모습으로만 등장해도 인간적인 애틋함, 친숙함을 갖게 만들 수 있지 않을까? '산토리 마이너즈'의 사례를 통해 기업의 새로운 브랜드 라인업에 생명력을 부여하며 세계관을 만들어 내는 다양한 아이디어를 생각해 볼 수 있을 것이다.

칼로리메이트는 왜 뒷모습을 광고에서 중요하게 다룰까? 칼로리메이트가 제품을 제안하는 특별한 관점

일본 오츠카 제약의 '칼로리메이트'는 신체에 필요한 5대 영양소(단백질, 지질, 탄수화물, 비타민, 미네랄)를 언제 어디서나 간편하게 섭취할 수 있는 '밸런스(균형) 영양식'이다. 칼로리메이트는 영양소를 간편하게 섭취할 수 있는 밸런스 영양식이라는 제품의 특징을 누구보다 좋은 영양소의 섭취가 필요한 대입 수험생(고등학생)을 메인 타깃으로 하여 전달하고자 했다. 영양소의 섭취를 통해 얻게 되는 몸의 열량(에너지/영양소)이라는 키워드를 '열정'이나 '저력'과 같은 키워드와 연결하여 '보여줘라, 저력(見せてやれ、底力)'이라는 슬로건을 활용해 10대 청소년들을 응원하는 캠페인을 꾸준하게 전개하는 것이다.

그리고 이런 칼로리메이트의 마케팅에 주목하게 되는 또 다른 이유가 있다. 이제부터 칼로리메이트의 어떤 점에 특별하게 주목했는지 두 가지 광고 캠페인을 통해 소개하려고 한다.

지난 2016년에 제작된 칼로리메이트의 광고 '꿈의 뒷모습(夢の背中)'은 대학 입학시험에서 낙방한 수험생이 실패와 좌절을 딛고 1년간 새로운 도전을 준비하는 과정과 그 아들을 묵묵히 지켜보면서 응원하는 엄마와 아들의 유대감을 감동적으로 그려냈다. 그런데 이 광고의 연출에서 가장 시선을 끄는 점은, 수험생(아들)이 등장하는 장면에서 광고 마지막 부분의 얼굴이 드러나는 장면을 제외하고 거의 모든 장면에서 오직 등(뒷모습)만을 보여준다는 점이다.

칼로리메이트가 광고에서 집중해서 보여주는 수험생 아들의 뒷모습(등)은 묵묵히 아들을 지켜보는 어머니의 시선을 담아내는 것과 동시에 좌절을 딛고 1년이라는 시간 동안 최선을 다해 재도전을 준비하는 아들의 열정과 노력을 상징하는 것이기도 하다. 칼로리메이트는 광고의 마지막 장면에서도 뒷모습과 함께 제품의 로고를 보여준다. 그래서 '꿈의 뒷모습'이라는 광고의 타이틀이 힘든 시기를 이겨내며 꿈을 이루기 위해 최선을 다하는 청춘들을 응원하는 메시지를 함축적으로 담고 있다는 것을 드러낸다.

칼로리메이트는 광고뿐 아니라 '꿈을 향한 청춘들의 뒷모습'을 마케팅에 다양하게 활용했다. 대입 시험 준비를 위해 열심히 노력하고 있는 수험생들의 뒷모습을 촬영한 사진과 사진 속 수험생을 응원하는 메시지를 쓴 칼로리메이트 패키지를 함께 전시해 보여주는 지하철역 옥외 광고를 함께 진행했고 청춘을 응원하는 칼로리메이트의 따뜻한 메시지와 칼로리메이트가 수험생의 영양 섭취에 필요한 제품이라는 점을 특별하게 제안했다.

하지만 칼로리메이트가 대입 수험생과 같은 10대 청춘만을 겨냥해 마케팅을 진행하는 것은 아니다. 밸런스 영양식인 칼로리메이트가 필요한 직장인이나 스포츠나 야외 활동을 즐기는 성인들을 대상으로도 마케팅을 활발하게 전개하고 있다. 지난 2017년에 진행된 칼로리메이트의 캠페인 '영양에는 이유가 있다'에서도 사람의 뒷모습을 역시 광고의 소재로 활용했는데 여기서 칼로리메이트가 브랜드를 제안하는 또 다른 방식에 주목하게 된다. 우선, 나레이션을 함께 살펴보자.

세포는 매일 바뀝니다.
오늘 먹은 음식이
며칠 후, 몇 달 후에 당신의 몸이 됩니다.

먹을 것을 선택할 때,
패키지 뒷면을 보는
사람들이 늘고 있습니다.

칼로리 메이트

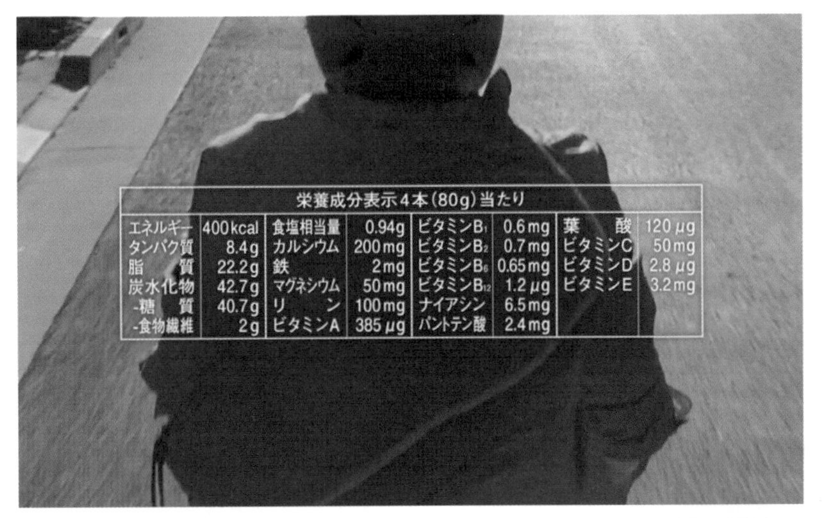

栄養成分表示4本(80g)当たり							
エネルギー	400kcal	食塩相当量	0.94g	ビタミンB_1	0.6mg	葉　酸	120μg
タンパク質	8.4g	カルシウム	200mg	ビタミンB_2	0.7mg	ビタミンC	50mg
脂　質	22.2g	鉄	2mg	ビタミンB_6	0.65mg	ビタミンD	2.8μg
炭水化物	42.7g	マグネシウム	50mg	ビタミンB_{12}	1.2μg	ビタミンE	3.2mg
-糖　質	40.7g	リ　ン	100mg	ナイアシン	6.5mg		
-食物繊維	2g	ビタミンA	385μg	パントテン酸	2.4mg		

영양에는 이유가 있습니다.

칼로리메이트는 광고 두 편에서 도로에서 자전거를 타고, 수영장에서 수영을 하는 여성 두 명의 모습을 보여주는데 여기서 시선을 끄는 점은 광고의 처음부터 끝까지 오직 '사람의 뒷모습'만을 보여준다는 것이다. 광고는 나레이션과 함께 자전거를 타고 수영을 하는 두 여성의 모습을 원테이크로 보여주다가 칼로리메이트의 성분표가 여성의 뒷모습을 배경으로 나타나고, 다음으로 칼로리메이트의 제품 패키지 앞면과 뒷면을 순서대로 보여준다.

여기서 출시 이후 거의 변함이 없는 노란색 컬러의 칼로리메이트 패키지 디자인에 대해 잠시 살펴볼 필요가 있다. 패키지 앞면에

빼곡하게 나열된 영문 알파벳 텍스트는 칼로리메이트가 어떤 제품인지를 설명하는 안내 문구와 칼로리메이트에 함유되어 있는 영양소를 표기한 것이다. 그리고 패키지 뒷면에는 칼로리메이트에 어떤 영양 성분이 포함이 되어 있는지가 영양 성분표를 통해 보다 구체적으로 표시된다.

칼로리메이트는 제품의 영양 성분을 구체적으로 보여주는 제품 패키지의 뒷면과 사람의 뒷모습에 공통점이 있다는 점에 착안해 광고를 기획했다. 칼로리메이트가 어떤 제품인지, 진짜 제품의 모습은 패키지 뒷면의 '영양 성분 표시'를 통해 알 수 있듯이 사람 역시 '뒷모습'을 통해 그 사람의 라이프스타일, 더 나아가 '삶의 방식'을 알 수 있다는 것이다.

그래서 칼로리메이트는 광고에서 다양한 방식으로 살아가는 사람들의 뒷모습을 조명하며 칼로리메이트의 영양 성분을 직접적으로 보여주면서 언제 어디서나 영양 보충이 필요한 사람들에게 칼로리메이트가 꼭 필요한 제품이라는 점을 제안한다. 중요한 도전을 위해 공부에 집중해야 하는 수험생과 10대 중고생, 온전히 업무에만 집중해야 하는 시간이 필요한 직장인, 스포츠나 야외 활동 등 자신만의 라이프스타일을 즐기는 성인 등 신체에 필요한 5대 영양소가 필요한 다양한 타깃층을 겨냥해 '밸런스 영양식 칼로리메이트'를 특별하게 제안하는 것이다.

칼로리메이트는 칼로리메이트가 필요한 다양한 사람들의 생활방식을 사람의 등(뒷모습)을 통해 관찰하고, 이를 바라보는 새로운 관점을 마케팅에 활용해 '칼로리메이트가 어떤 제품이며 어떤 사람들에게 필요한 제품인가'를 탁월하게 강조하고 있다.

선물은 선택하는 시간이 즐겁다!
선물하고 싶은 과자로 재탄생한 포키의 한정판 패키지

일본의 제과 기업 에자키 글리코의 포키(Pocky) 시리즈는 '세계 최초의 막대 초콜릿 과자'로 1966년 출시된 이후 오랜 시간 일본뿐 아니라 전 세계적인 인기를 얻고 있는 과자 브랜드다. 지난 2018년 포키는 연말 시즌을 맞아 2030세대 영 어덜트를 공략하기 위해 한정판 패키지 브랜드 캠페인을 진행했다.

포키는 6가지 종류의 맛과 미니멀리즘이 가미된 디자인이 적용된 새로운 한정판 패키지를 만들고, '과자는 행복을 함께 나눌 수 있는 가장 쉬운 도구'라는 모토 아래 '행복을 나누자(Share happiness)'라는 슬로건을 내세우며 포키를 감사와 행복을 나누는 의미 있는 선물로 활용하도록 제안했다. 이를 위해 세련되고 미니멀한 6개의 패키지뿐 아니라 포키를 구매하는 수량에 따라 다양하게 담을 수 있는 선물 포장 박스의 디자인도 감각적으로 제작되었다.

포키의 한정판 패키지 마케팅에서 주목할 점은 바로 온·오프라인에서 패키지를 활용하는 브랜드 커뮤니케이션 전략이다. 심플하지만 세련된 비주얼이 더해진 한정한 패키지를 활용해 마음을 표현하고 싶은 사람에게 포키를 선물하고 싶게 만드는 재미있고 다양한 콘텐츠를 만들었고 오프라인 매장, 디지털 및 소셜 플랫폼, 신문 광고의 소재로 활용해 한정판 패키지의 출시를 알렸다.

포키의 한정판 패키지 캠페인은 단순히 디자인이 바뀐 새로운 패키지를 제작하는 것에 그치지 않고 소비자들이 연말 시즌 '좋은 마음을 표현하고 싶은 선물'로서 적극적으로 사용할 수 있도록 브랜드 커뮤니케이션을 기획하고 실행했다는 점에서 한 차원 높은 수준의 패키지 마케팅 전략을 보여준다.

마케팅 전략 8

행동하는 브랜드가 되어라

최근 많은 소비자들이 사회적인 이슈에 대해 분명하고 뚜렷한 신념과 철학을 갖고 있는 브랜드를 선택하고 있다. 누구나 당연하다고 생각하는 사회적 이슈에 대해 분명하게 목소리를 내며 문제를 찾아내고, 브랜드의 영향력을 활용해 진정성 있고 과감하게 솔루션을 만들어 '좋은 세상을 만드는 데' 기여하는 전략은 사람들의 삶 속에 브랜드를 의미 있는 존재로 인식하게 만든다는 점에서 더욱 중요하다.

하이네켄, 코로나로 문을 닫은 술집을 옥외 광고 매체로 활용하다

지난 2020년 코로나 팬데믹으로 인한 봉쇄 지침으로 유럽 전역의 술집들이 영업을 하지 못하고 문을 닫게 되는 상황이 길게 이어졌다. 많은 기업들이 코로나로 인해 미디어 예산을 줄이고 마케팅을 축소하는 상황에서 글로벌 맥주 브랜드 하이네켄(Heineken)은 전체 마케팅 예산의 10%의 비중을 차지하는 옥외 광고 예산을 특별하게 활용하기로 결정했다.

'Shutter Ads(셔터 애즈)'라는 타이틀의 캠페인은 코로나로 술집을 운영하지 못해 경제적인 어려움을 겪고 있는 자영업자들을 돕기 위해 문을 닫은 술집을 옥외 광고 매체로 활용하고, 그 대가로 가게의 주인에게 광고비를 지불하는 것이다. 게다가 하이네켄은 단순히 브랜드를 홍보하는 광고를 진행하지 않았다.

> "오늘은 이 광고를 보고 내일은 술을 즐기자.
> (See this ad today, enjoy this bar tomorrow.)"
> "그렇게 보이지 않을 수도 있지만 이 술집은 문을 닫지 않았습니다. 힘을 얻고 있어요.(Although it may not seem like it, this bar is not closed—it is gathering strength.)"

코로나로 어려움을 겪고 있는 가게들의 영업 재개를 응원하는 메시지와 함께 옥외 광고를 진행하고, 그 술집을 홍보하는 내용도 함께 담았다. 하이네켄은 아르헨티나를 시작으로 스페인, 이탈리

아, 독일에서 5000개의 술집 외관에서 옥외 광고를 집행했고 가게를 미디어로 활용한 비용으로 총 750만 유로(약 107억 원)의 광고비를 지불했다.

술집의 점주들은 평소 하이네켄을 포함해 다양한 주류 브랜드들을 취급하는데, 자영업자들을 진정성 있게 돕는 하이네켄의 이러한 마케팅을 통해 자사 제품을 취급하는 술집들로 하여금 브랜드의 매우 중요한 파트너라고 인식하게 만들었다. 혁신적인 아이디어로 지역 사회의 문제를 해결하는 긍정적인 영향을 만들어 내는 것과 동시에 하이네켄의 브랜딩 효과를 만드는 상업적인 성공으로 이어졌다는 점이 하이네켄의 옥외 광고 캠페인에 주목하게 만든다.

하이네켄이 언제나 마케팅에서 중요하게 생각하는 점은 전 세계 사람들과 관련 있고 공감할 수 있는 내용으로 캠페인을 만드는 것이라고 한다. 코로나 기간에 전개된 하이네켄의 'Shutter Ads' 캠페인은 하이네켄이 추구하는 마케팅의 방향에 가장 부합한다는 점에서 특히 시선을 끈다.

아름다움을 바꾸자
도브가 소셜 미디어와 싸우는 특별한 이유

유니레버의 바디케어 브랜드 도브(Dove)는 지난 2004년부터 '나이와 연령, 신체 조건 등과 관계없이 자신을 가꾸는 세상의 모든 여성은 아름답다'는 메시지를 통해 아름다움이 불안이 아닌 자신감의 원천이 되는 세상을 만들기 위한 'Self-Esteem Project(셀프 에스팀 프로젝트)'를 전개하고 있다.

소셜 미디어가 일상에서 빠질 수 없는 도구가 된 현실에서 도브는 여성들의 자존감을 크게 위협하는 소셜 미디어 활동에 주목하며 디지털 시대의 외모에 대한 잘못된 인식을 개선하고 아름다움의 다양성을 호소하는 캠페인을 진행했다. 특히 도브가 지난 2021년 전개한 'Reverse Selfie(리버스 셀피)' 캠페인은 소셜 미디어에서의 10대 청소년들의 왜곡된 셀카 문화를 지적하며 진정한 아름다움의 가치를 강렬하게 호소해 큰 주목을 받았다.

도브가 유튜브에 공개한 영상은 풍성한 헤어스타일, 도톰한 입술, 동그란 눈 그리고 무결점 피부로 완벽하게 메이크업을 한 성인

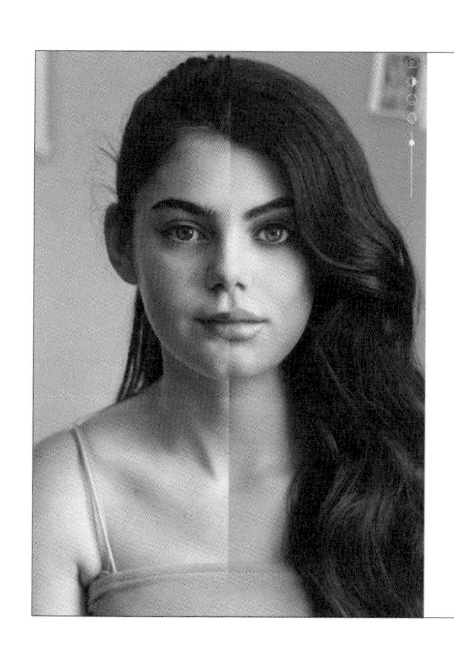

여성의 셀카가 소셜 미디어에 업로드가 된 장면으로 시작한다. 영상은 이 완벽한 사진이 소셜 미디어에 업로드가 되기 전까지의 과정을 되감아 보여주는데, 알고 보니 이 사진은 풋풋한 얼굴의 어린 10대 소녀가 사진 보정 앱을 이용해 다양한 필터와 수정 작업을 거쳐 만들어진 것이었다. 그리고 의미 있는 메시지를 남기며 영상은 끝을 맺는다.

소셜 미디어의 압력이 소녀들의 자존감을 해치고 있다.

셀카에 대해 이야기하자.

아름다움을 바꾸자.

10대들은 누구보다 소셜 미디어 활동을 가장 활발하게 하는 세대다. 셀카는 디지털에서 자신을 드러내는 가장 적극적인 표현 방식이지만 가장 완벽한 모습을 보여주어야 한다는 강박관념 때문에 진짜 자신을 부정하고 왜곡하는 부작용을 만들어 낸다. 그래서 도브는 '완벽한 셀카 속에 숨겨진 비밀'을 통해 10대 소녀들에게 '비현실적인 아름다움'에 맞서고 진정한 아름다움을 찾아야 한다는 메시지를 던졌다. 소셜 미디어는 10대들의 삶에서 큰 부분을 차지하고 있지만, 완벽한 셀카를 게시해야 한다는 압박감은 10대들의 자존감과 자신감을 해치고 있다는 점을 지적한 것이다.

도브는 '완벽한 셀카의 반전 비밀'이 드러나는 영상으로 리터칭 앱이 얼마나 아름다움의 본질을 왜곡시킬 수 있는지 화두를 제기하고 10대들의 왜곡된 소셜 미디어 셀카 문화를 바꾸자는 변화의 행동을 촉구했다. 도브는 인쇄 광고와 옥외 광고, 숏폼 영상을 통해 리터칭 앱으로 조작이 되고 왜곡이 된 소녀들의 사진과 전혀 보정 작업을 하지 않은 사진을 대조하는 모습을 보여주며 소셜 미디어와 사진 보정 앱의 무분별하고 잘못된 사용이 10대 소녀들의 자존감에 부정적인 영향을 미칠 수 있다는 점을 강조했다.

또 부모, 보호자 및 청소년에게 보다 긍정적인 방식으로 소셜 미디어를 탐색하는 데 도움이 되는 툴킷을 제공해 청소년, 교사, 부모가 함께 이 문제에 대해 대화를 나눌 수 있게 했다. 도브는 디지털 시대에 비현실적인 아름다움이 아니라 있는 그대로의 자신의 모습을 표현하기 위해 편집, 보정하지 않은 셀카 사진을 게시하도록 참여를 유도하면서 자신의 신체와 외모에 대한 자신감을 회복하기 위해 보다 적극적으로 행동해야 한다고 호소했다.

진정한 내면의 아름다움, 아름다움의 기준에 대한 화두를 끊임없이 던지고, 브랜드의 선한 영향력을 이용해 행동하며 사회적인 변화를 이끌어내는 도브의 캠페인은 '그 누구도 자신이 아름답지 않다고 생각하는 사람이 있어서는 안 된다고 믿는다'는 브랜드의 철학을 변함없이 실천하는 모습을 보여준다.

제품 패키지로 여성들을 응원하고 지지하는 허쉬 초콜릿

지난 2020년 3월 허쉬 초콜릿(Hershey's)은 '세계 여성의 날'을 기념해 브라질에서 한정판 패키지를 활용하는 캠페인을 진행했다. 자사의 브랜드 네임 Hershey's에서 'Her'와 'She'라는 '여성'을 의미하는 단어를 활용해 새로운 에디션의 패키지 디자인을 제작한 것이다. 허쉬 초콜릿은 브라질의 여성 뮤지션, 일러스트레이터, 포토그래퍼, 시인, 화가 등 자신의 분야에서 활동하고 있지만 크게 주목받지 못한 아티스트나 크리에이터들과 손을 잡고 그들의 포트폴리오나 작품을 허쉬 초콜릿 패키지를 통해 사람들에게 소개했다. 잠재력을 갖고 있지만 많이 알려지지 않은 여성들의 작품을 소개하기 위해 제품 패키지를 여성 아티스트의 작품을 소개하는 전시장처럼 활용한 것이다.

허쉬 초콜릿은 패키지뿐 아니라 #HerShe #HerSheGallery라는 해시태그를 사용해 브랜드의 디지털 플랫폼과 소셜 미디어 채널에서 재능 있는 브라질의 여성들과 작품들을 폭넓게 소개하는 커뮤니케이션도 함께 진행했다. 이러한 허쉬 초콜릿의 마케팅에 주목할 점은 단순히 아티스트에게 일정 금액을 기부하거나 후원하는 방식이 아니라 수많은 소비자들과 만나게 되는 강력한 접점을 가진 제품의 패키지를 과감하게 활용하여 여성 아티스트들을 지지하고 응원하는 커뮤니케이션 플랫폼으로서 활용했다는 점이다.

브라질에서 시작된 허쉬 초콜릿의 'HerShe' 캠페인은 호평을 받으며 큰 성공을 거두었고 이제는 브라질을 넘어 매년 여성의 날을 기념해 다른 국가에서도 진행이 되고 있다.

산토리 맥주가 코로나 시대에 가게들을 응원하는 방법

2021년 일본에서는 코로나의 영향으로 술집의 매출이 크게 감소하여 많은 소상공인들이 어려움을 겪게 되었다. 맥주와 하이볼, 음료 등을 판매하는 일본 산토리 그룹은 지난 2021년 11월, 코로나 팬데믹으로 술집이나 식당을 찾는 사람들이 크게 줄어 많은 상인들이 어려움을 겪고 있는 상황에서 음식점이라는 장소의 가치와 매력을 알리는 캠페인을 진행했다.

'인생에는 음식점이 있다(人生には、飲食店がいる)'라는 타이틀의 캠페인에서 산토리는 음식점을 단지 '식사를 하거나 술과 음료를 마시는 장소'가 아니라 다른 사람들과 생각을 나누고 때로는 진심을 보여주거나, 사람과 사람이 연결될 수 있는, 인생에서 의미 있는 장소 즉 '사람과 사람과의 커뮤니케이션'을 이어갈 수 있는 특별한 장소라는 점을 이야기했다. 그리고 음식점에 갈 기회가 줄어든 지금이야말로 음식점이라는 장소의 가치와 매력을 되돌아보자는 메시지를 전했다.

산토리는 '인생에는 음식점이 있다'라는 캠페인을 론칭하면서 신문 광고를 집행하고, 가게들을 응원하며 음식점과 술집의 특별한 의미와 매력을 함께 이야기하는 다양한 포스터 시리즈들을 제작해 약 5만 개의 술집과 음식점에 포스터와 스티커 형태로 배포했다.

저 불빛이 좋아.

시끄럽고, 어수선하고

온도가 있어서.

친구를 축하하기도 하고,
열심히 한 사람을 위로해 주기도 하고,
하찮은 얘기로 웃기도 하고,
말할 수 없었던 마음을 전하기도 하고.

그런 시간들이 너무 멀어지고,

人生には、
飲食店がいる。

SUNTORY

ストップ！20歳未満飲酒·飲酒運転。妊娠中や授乳期の飲酒はやめましょう。
お酒はなによりも適量です。感染対策ルールを守って、楽しいお酒を。

거기에 익숙해지는 건 역시 어딘가 쓸쓸했어.

같이 마시고 싶은 사람이 있다,

그건 거창하게 말하면 사는 기쁨 그 자체니까.

이자카야, 바, 레스토랑

그 불빛이 우리에겐 필요할 것 같아.

인생에는 음식점이 있다.

SUNTORY

산토리는 11월에 진행한 1차 캠페인에 이어, 2차와 3차에 걸쳐 TV 광고를 전개했는데, 과거에서 최근까지의 일본 영화 23편에서 술집에서 술을 마시는 장면들을 모아 영상을 제작했고, 산토리 하이볼의 모델인 요시타카 유리코가 나레이션을 맡아 사람과 사람을 연결하고 이어주는 장소로서 음식점(술집)의 특별한 매력을 이야기하고 음식점에서 다시 만나자는 메시지를 따뜻하게 전했다.

그곳은 신기한 장소다.

거기서는 말할 수 없었던 진심을 말할 수 있다.

몰랐던 자신의 마음을 만나기도 하고

별것 아닌 얘기에 눈물이 날 정도로 웃기도 한다.

정신을 차려보면 모두 좋은 얼굴이 되기도 한다.

妊娠中や授乳期の飲酒はやめましょう
感染対策ルールを守って、楽しいお酒を

신기한 힘이 그 자리에는 있다.

저렇게 떠들썩한데도 모두의 목소리가 들린다.

오늘도 또 웃고 말한다.

인생에는 음식점이 있다.

SUNTORY

산토리는 코로나 시대에 많은 음식점, 술집들이 어려움을 겪는 상황에서 음식점을 단순히 술과 음료를 판매하는 장소가 아니라 '사람과 사람을 연결해 주는 특별한 장소'라고 정의했고 다시 음식점으로 모이자'라는 따뜻한 메시지를 통해 수많은 소상공인들을 응원했다. '음식점에 갈 기회가 줄어버린 지금이야말로 다시 음식점의 가치에 주목하자'는 산토리의 캠페인은 산토리가 제조하고 공급하는 술과 음료를 판매하는 일본의 음식점들을 기업의 중요한 파트너로서 응원하며, 상생의 가치를 보다 진정성 있게 실천했다는 점에서 주목하게 된다.

마케팅 전략 9

중요한 건 속도다,
빨리 기획하고 실행하라

소셜 미디어에서는 하루에도 수많은 사람들이 대화를 나누는 이슈들로 넘친다. 그중에서도 특정 이슈는 미디어의 높은 관심과 주목을 받으며 상당한 파급력을 가진 소재가 되기도 한다. 사람들이 무엇에 관심이 있는지 끊임없이 관찰하고, 이슈가 되는 소재들과 브랜드나 제품과의 연결고리를 찾아내며, 빠른 의사 결정으로 기획하고 실행하여 사람들이 브랜드 커뮤니케이션에 자발적으로 참여하게 만드는 전략은 디지털 시대에 들어와 더욱 중요해졌다. 브랜드가 사람들의 대화 속에 끼어들기 위해서는 언제나 신속하게 움직여야 한다.

타이거 우즈 골프 경기 보러 갔다가 운명이 바뀐 한 남자, 그리고 그를 맥주 모델로 활용한 미켈롭 울트라

누가 생각이나 했을까? 골프 경기를 지켜보던 한 남자가 유명 맥주 브랜드의 모델이 될 줄이야. 지난 2022년 해외 미디어 업계는 골프 경기를 보러 갔다가 소셜 미디어에서 벼락스타가 된 한 남자와 그 남자를 자사 브랜드의 광고 모델로 기용한 맥주 브랜드의 마케팅에 크게 주목했다. 바로 마크 라데틱(Mark Radetic)이라는 남자와 그를 광고 모델로 기용한 맥주 브랜드 미켈롭 울트라(Michelob Ultra)의 이야기다.

2022년 5월 20일, 2022 PGA 챔피언십 2라운드에서 타이거 우즈가 경기 중 갤러리에 가까이 오자 현장에서 골프 경기를 지켜보던 수많은 사람들이 타이거 우즈의 모습을 촬영하기 위해 모두 스마트폰을 꺼내 들었다. 그런데 이 가운데 단 한 남자만이 스마트폰이 아닌 맥주 캔을 들고 타이거 우즈의 모습을 침착하게 지켜보는 모습이 전 세계에 생중계되면서 큰 화제가 되었다. 그리고 남자가 손에 들고 있던 캔 맥주 역시 큰 주목을 받게 되는데, 그 맥주가 바로 글로벌 맥주 기업인 AB인베브의 브랜드인 미켈롭 울트라였다.

미켈롭 울트라 맥주를 들고 타이거 우즈의 모습을 집중해서 지켜보던 남자의 모습을 담은 사진이 온라인과 소셜 미디어에서 급속도로 퍼지고 큰 화제가 되면서, 남자는 '미켈롭 가이(The Michelob

Guy)'라는 별명을 얻으며 한순간에 유명인이 되었다. 그리고 미켈롭 가이가 손에 들고 있던 맥주인 미켈롭 울트라는 한 남자로 인해 자사가 주목을 받은 이 상황을 실시간으로 재빠르게 마케팅에 활용했다. 미켈롭 울트라는 마크 라데틱이 '미켈롭 가이'로 유명 인사가 된 지 단 48시간 만에 그를 찾아내어 광고 모델 계약을 맺었다.

그리고 'It's only worth it if you enjoy it(제대로 즐길 수 있어야 가치가 있다).'라는 슬로건을 만들고 골프 대회 속 미켈롭 가이의 모습을 담은 15초짜리 광고를 제작해 소셜 미디어에 공개했다. 또한 그의 사진을 담은 캔맥주, 티셔츠, 모자를 제작해 판매하는 등 미켈

롭 울트라를 대표하는 상징적인 존재로 활용했다. 미켈롭 울트라는 광고 모델이 된 마크 라데틱에게 맥주를 무제한으로 무료 제공하는 한편 이후 열리는 PGA 챔피언십 티켓과 여행 경비까지 무상으로 제공했다.

골프 경기를 보러 갔다가 하루아침에 유명 인사가 된 한 남자를 48시간 만에 자사의 광고 모델로 활용한 미켈롭 울트라 맥주의 리얼 타임 마케팅은 엄청난 관심을 받으며 큰 성공을 거두었다. 단 이틀 만에 소셜 미디어에서 미켈롭 울트라와 관련된 멘션이 3만 건 이상 발생했고 490만에 달하는 노출 수(Earned Impressions)를 기록하는 등 획기적인 바이럴 성과를 만들어 낸 것이다.

게다가 이 모든 성과는 미디어를 위한 브랜드의 예산을 전혀 사용하지 않고 만들어 낸 결과였다. 미켈롭 울트라는 골프 경기장의 특별한 해프닝으로 유명 인사가 된 남자와 그리고 그 남자로 인해 브랜드가 함께 언급이 되는 이슈를 재빠르게 그리고 세심하게 마케팅에 활용하는 창의적인 실행력을 보여주었다.

메타버스 대신 아이슬란드버스로 초대합니다
사명 바꾼 메타(META)를 패러디한
아이슬란드 관광청의 밈 마케팅

지난 2021년 10월 29일, 세계 최대 소셜 미디어 기업인 페이스북의 CEO, 마크 주커버그는 사명인 페이스북(facebook)을 '메타

(META)'로 변경한다고 공식 발표했다. 그리고 여러 개의 디지털 공간을 오가며 멀리 있는 친구와 가족과 가상 공간에서 만나는 디지털 아바타를 시연해 보이면서, 이제 사람들은 하나의 세상 또는 하나의 플랫폼에 고정되지 않을 것이라고 이야기하며 메타가 추구하는 메타버스(Metaverse)의 세상을 소개했다.

그런데 사명을 바꾼 메타가 가상 세계인 '메타버스'를 소개한 지 12일 만에 아이슬란드 관광청의 유튜브 채널에서는 잭 모스버그슨(Zack Mossbergsson)이라는 이름의 최고 비저너리 책임자(Chief Visionary Officer)가 등장해 '아이슬란드버스(Icelandverse)'를 소개하는 프리젠테이션 영상이 공개되었다. '사람과 사람을 연결하는 새로운 장(New chapter in human connectivity)으로서 아이슬란드버스(Iceland + verse)'를 소개하는 이 영상은 바로 얼마 전 새로운 사명 변경을 공식적으로 밝혔던 메타의 CEO, 마크 주커버그의 발표 영상을 패러디한 것이었다.

마크 주커버그의 의상과 헤어스타일까지 완벽하게 따라 한 아이슬란드의 최고 비저너리 책임자 잭 모스버그슨은 영상에서 디지털 가상 세계, 메타버스가 아니라 아이슬란드 자연 세계의 아름다움을 직접 보고, 만지고 경험하면서 아이슬란드버스의 사람들과 어울리는 방법들을 소개했다. 그는 아이슬란드의 폭포, 간헐천, 화산암, 오로라 등 '아이슬란드버스'의 멋지고 아름다운 자연 경관을 보여주며 우스꽝스런 VR 헤드셋도 필요 없고 메타버스에서는 결코 경험할 수 없는 아이슬란드의 열린 세상에서 경험하게 되는 모든 것이 진짜라는 점을 강조했다.

아이슬란드 관광청이 메타의 메타버스를 패러디해 아이슬란드버스라는 세계를 만들어 낸 것은, 가상 세계의 메타버스에서는 결코 경험할 수 없는 아이슬란드라는 진짜 현실 세계에서만 만날 수 있는 멋진 여행의 경험을 소개하기 위한 것이었다. 아이슬란드 관광청은 마크 주커버그의 메타 출범을 알리는 발표가 공개된 후 채 2주가 되기도 전에 발 빠르게 아이슬란드의 배우를 기용해 실제 존재하지 않는 최고 비전 책임자를 등장시켜 전 세계의 관광객들에게 아이슬란드 여행을 위트 있게 제안했다.

VR 헤드셋이 필요 없는 열린 세상에서, '경험하게 되는 모든 것이 진짜'인 아이슬란드버스를 소개하는 아이슬란드 관광청의 패러디

영상은 유튜브에서만 600만 건 이상의 조회 수를 기록하며 빠르게 전 세계의 주목을 받았고 소셜 미디어를 통해서도 크게 확산되었다.

아이슬란드 관광청은 브랜드나 사기업이 아닌 국가 기관이지만 열린 마인드와 신속하고 빠른 결단력으로 전 세계 사람들이 주목했던 메타의 사명 변경 발표 이슈를 재치 있게 활용했다. 그리고 이를 통해 전 세계 관광객들을 대상으로 아이슬란드 여행을 크게 홍보하는 데 성공했다. 누구보다 빠르게 기획하고, 과감하게 실행하는 결단력이 엄청난 마케팅 비용을 쏟아부어도 만들어 낼 수 없는 놀라운 성과를 만들어 낸 것이다.

파파이스는 어떻게 비욘세와 패션 대결을 벌이게 되었을까?

지난 2020년 1월, 아디다스는 미국의 팝스타 비욘세의 패션 브랜드인 아이비 파크(IVY PARK)와 손을 잡고 '아디다스 × 아이비 파크(Adidas × IVY PARK)'라는 이름의 새로운 콜라보 스포츠웨어 컬렉션 라인을 공개했다. 글로벌 스포츠 패션 브랜드인 아디다스와 미국 최고의 인기 가수이자 셀럽인 비욘세의 첫 번째 콜라보 컬렉션의 출시 소식은 큰 화제를 모았고, 아디다스 × 아이비 파크 컬렉션 제품들은 발매 후 순식간에 전 사이즈가 품절이 될 정도로 엄청난 인기를 얻었다.

그런데 비욘세와 아디다스의 패션 컬렉션 출시와 관련해 소셜 미디어에서는 많은 사람들이 패션과는 전혀 관계가 없는 패스트푸드 브랜드 파파이스(Popeyes)를 언급하는 일이 많아졌다. 이유는 바로 아디다스 × 아이비 파크 컬렉션이 적갈색과 주황색이 시그니처 컬러인 파파이스 매장 직원의 유니폼을 떠올리게 한다는 사실 때문이었다. 소셜 미디어에서 아디다스와 비욘세의 콜라보 컬렉션이 파파이스 직원의 유니폼과 비슷하다는 의견이 확산이 되자 파파이스는 재빠르게 사람들의 관심을 받은 화제의 이슈를 마케팅에 활용했다.

아디다스 × 아이비 파크 컬렉션을 미처 구매하지 못한 사람들에게 이와 스타일이 비슷한 파파이스 매장의 직원 유니폼을 구매할 수 있는 기회를 제공하는 것이다. 파파이스는 'That Look From Popeyes'라는 이름의 온라인 쇼핑몰을 개설했고, 파파이스의 시그

니처 색상으로 구성된 유니폼 재킷, 크루넥, 모자, 반팔 폴로셔츠, 티셔츠 등 총 10가지 아이템을 10~40달러의 저렴한 가격에 판매했다. 그리고 실제 파파이스 매장의 직원들이 온라인 쇼핑몰의 패션 화보 모델이 되어 아디다스 × 아이비 파크 컬렉션의 스타일링과 비슷한 룩으로 화보를 촬영해 공개했다.

파파이스의 유니폼 컬렉션 출시 캠페인은 그야말로 대성공을 거두었다. 온라인 쇼핑몰에서 판매한 매장 유니폼 컬렉션 대부분이 완판되었고 파파이스의 유니폼 컬렉션 출시 소식이 소셜 미디어, 뉴스와 미디어에서 큰 관심을 받았다.

만약 파파이스가 소셜 미디어에서 사람들이 아디다스와 비욘세의 콜라보 컬렉션과 파파이스 직원 유니폼이 비슷하다고 이야기하는 말들을 대수롭지 않게 여기고 지나쳤다면, 이전에 없던 방식으로 브랜드를 홍보하는 데 성공하거나 브랜드 마케팅 역사의 한 페이지를 장식하게 된 캠페인을 세상에 선보이지 못했을 것이다. 파파이스는 사람들이 무엇에 관심이 있는지 끊임없이 관찰하면서 귀를 기울이고, 이슈가 되는 요소들과 브랜드나 제품과의 연결고리를 찾아내어 빠른 실행력으로 마케팅에 활용했다.

중요한 건 속도감이다, 이슈를 하이재킹하라
마케팅 천재 라이언 레이놀즈의 패스트버타이징 전략

지난 2020년 헐리우드 배우 라이언 레이놀즈(Ryan Reynolds)에 관한 특별한 소식이 전 세계 미디어의 큰 관심을 받았다. 바로 증류주인 진(Gin)을 만드는 주류 회사인 '에비에이션 진(Aviation Gin)'이 2020년 8월, 세계 최대 주류 회사 디아지오(Diageo)에 6억 1000만 달러(7250억 원)에 인수된다는 소식 때문이었다. 디아지오가 에비에이션 진을 인수한다는 소식이 대체 라이언 레이놀즈와 어떤 관계가 있길래 두 기업의 인수 소식에 라이언 레이놀즈가 언급되는 것일까 궁금할 것이다.

사실 라이언 레이놀즈는 지난 2018년 에비에이션 진의 지분을 인수했다. 그리고 자신이 만든 광고 대행사 멕시멈 에포트(Maximum Effort)의 대표이자 브랜드의 대주주, CD(크리에이티브 디렉터)로서 자신이 모델로 출연하는 에비에이션 진의 광고를 직접 기획하고 제작했다. 라이언 레이놀즈가 만든 에비에이션 진 광고는 소비자들의 큰 호응을 이끌어내는 데 성공했고, 에비에이션 진은 미국 슈퍼 프리미엄 진 부문에서 두 번째로 큰 브랜드가 될 정도로 크게 성장했다. 그리고 그 결과 디아지오에 높은 금액으로 인수되면서 라이언 레이놀즈의 투자도 큰 성공을 거두었다.

그렇다면 에비에이션 진의 놀라운 성장을 이끌어낸 라이언 레이놀즈의 광고 대행사 멕시멈 에포트의 전략에는 대체 어떤 비결이 숨겨져 있는 걸까? 바로 B급 감성의 유머 코드, 그리고 주목할 만한 이슈가 생기면 해당 이슈를 빠르게 캐치해서(하이재킹, Hijacking) 광고의 아이디어로 활용하고 대담하게 실행하는 '빠른 속도감'과 '창의적인 발상'을 보여준다는 점이다.

멕시멈 에포트의 이슈 하이재킹의 대표적인 케이스가 바로 지난 2019년 성차별 논란으로 큰 비판을 받았던 홈 트레이닝 플랫폼 회사 '펠로톤(Peloton)'의 이슈를 재빠르게 마케팅에 활용한 에비에이션 진의 광고다. 지난 2019년 12월 2일 펠로톤은 유튜브에 'The Gift That Gives Back(보답하는 선물)'이라는 타이틀의 광고를 공개했는데, 그 내용은 이렇다.

한 여성이 남편으로부터 크리스마스 선물로 펠로톤의 실내 자전거를 받는다. 아내는 1년 동안 남편에게 선물 받은 펠로톤 실내 자전거로 매일 집에서 운동을 하며 영상으로 기록을 남기고, 다음 해 크리스마스에 1년 동안 운동을 하면서 찍은 영상을 모아 남편에게 선물한다. 아내는 영상에서 남편에게 "1년 전에는 내가 펠로톤으로 인해 이렇게 변하게 될 줄 몰랐어."라는 말을 전하고 광고는 "사랑하는 사람들에게 펠로톤을 선물하세요."라는 멘트로 마무리가 된다

펠로톤의 광고는 공개되자마자 성차별적인 내용을 담고 있다는 비판을 받았다. '남편이 아내에게 펠로톤을 선물한 이유가 날씬한 몸매의 아내를 원하기 때문인가', '아내에게 몸매를 관리하라는 말 대신 펠로톤을 선물한 것이 아닌가' 등의 성차별 논란으로 펠로톤은 여론의 비난을 거세게 받았고, 광고가 공개된 다음 날 펠로톤의 주가는 무려 9%나 하락했다. 기업 가치로 따지면 거의 1조 원에 달하는 금액이 증발한 것이다.

펠로톤 광고가 논란의 중심에서 화제의 이슈로 떠오르는 것을 지켜본 맥시멈 에포트는 펠로톤 이슈를 재빠르게 광고에 활용했다.

펠로톤 광고에서 아내 역할을 맡았던 배우를 재빨리 섭외해 그녀가 광고의 주인공으로 등장하는 에비에이션 진의 광고를 제작했다. 맥시멈 에포트는 펠로톤의 광고 타이틀 'The Gift That Gives Back(보답하는 선물)'을 패러디한 에비에이션 진의 광고 'The Gift That Doesn't Give Back(보답하지 않는 선물)'을 12월 7일 공개했다.

광고의 내용은 매우 단순하지만 무척이나 기발했다. 펠로톤 광고에 출연했던 배우 모니카 루이즈가 두 명의 친구와 함께 바에 앉아 있는데, 그녀는 정면을 응시한 채 잠시 멍을 때리다가 "이 술(에비에이션 진) 진짜 부드럽다."라며 한 마디를 날린다. 그러자 루이즈 옆에 있던 친구들이 이렇게 말한다. "마시고 싶으면 한 잔 더 마셔. 여긴 안전해." 그리고 루이즈와 친구들은 모두 함께 "To new beginnings(새로운 시작을 위하여)."라고 하며 건배를 하고, "You look great by the way(당신은 지금 보기 좋습니다)."라는 멘트와 함께 에비에이션 진 병을 보여주면서 광고는 끝이 난다.

펠로톤 광고에서 아내가 남편에게 선물 받은 실내 자전거로 1년 동안 살을 뺐다는 스토리를 떠올리면, 에비에이션 진 광고의 마지막 멘트는 '광고 속 여성의 있는 그대로의 모습이 좋다'는 의미로서 펠로톤의 성차별적인 논란을 은근히 저격했다는 것을 알 수가 있다. 에비에이션 진의 광고는 라이언 레이놀즈의 소셜 미디어 계정 등을 통해 공개되었고 공개된 지 75시간 만에 1000만 건이 넘는 조회 수를 기록하면서 엄청난 입소문을 만들어 냈다.

여기서 또 한 가지 주목해야 할 점은 바로 라이언 레이놀즈가 트위터, 유튜브 등 자신의 소셜 미디어 계정에 에비에이션 진의 광고를 올린 날짜다. 펠로톤의 광고가 유튜브에 공개된 것이 2019년 12월 2일이고 펠로톤에 출연했던 모델이 주인공으로 등장하는 에비에이션 진의 광고가 공개된 것이 12월 7일이다. 그러니까 날짜를 계산해 보면 펠로톤의 광고가 공개된 후 채 5일이 되지 않아 에비에이션 진의 광고가 공개된 것이다.

맥시멈 에포트는 펠로톤의 광고가 공개되고 성차별 논란 이슈가 발생하자마자 광고에 출연했던 배우를 3일 만에 섭외했고, 하루도 안 되는 시간에 그녀가 출연하는 광고를 촬영, 편집 및 최종 제작된 영상을 업로드하기까지 했다. 모델을 섭외하고 광고를 기획하고, 촬영과 편집까지 완료하는 데 채 4일이 걸리지 않은 맥시멈 에포트의 광고 제작 과정은 일반적인 광고 대행사의 작업 과정과 비교했을 때 엄청나게 빠르고 짧은 것이었다. 맥시멈 에포트의 대표인 라이언 레이놀즈는 사람들을 재미있고 스마트하고 예상치 못한 방법으로 모이게 하려면, 특정한 대화가 일어나는 순간에 빠른 속도로 참여하는 것이 중요하고 그렇게 하려면 속도감이 가장 중요하다고 생각한다. 그래서 사람들이 소셜 미디어에서 활발하게 대화하는 순간을 찾아 진행 중인 대화에 브랜드를 끼어들게 하여, 그 브랜드가 사람들의 대화에 참여하고 더 나아가 사람들이 나누는 대화 그 자체가 되어 소비되도록 하는 것이 가장 효과적인 광고라고 정의한다.

브랜드가 소비자들의 대화에 참여하고, 또 소비가 되도록 하는 것이 광고의 역할이며 그래서 보다 빠른 속도로 이슈를 활용해 가장 효과적인 광고를 만들어야 한다는 라이언 레이놀즈의 마케팅 철학은 '패스트버타이징(Fastvertising)'이라는 신조어까지 만들어 냈다. 광고 업계의 상식을 뒤엎는 창의적인 발상으로 실시간으로 이슈를 하이재킹하고 재빨리 사람들의 대화 속에 브랜드를 참여시키는 뛰어난 마케팅 실력을 보여주고 있는 라이언 레이놀즈. 그를 두고 크리에이티브 업계에서는 '마케팅 천재'라는 수식어를 붙이며 광고 대행사의 크리에이티브 책임자로서 그의 행보에 주목하고 있다.

모든 것에서 완벽을 추구하는 일이 오히려 창의성을 가로막는다고 여기고, 속도감을 기반으로 이슈를 하이재킹하여 브랜드와 제품을 사람들의 대화의 중심으로 끌어들이는 탁월한 아이디어. 이를 보여주는 마케팅 천재 라이언 레이놀즈의 대담한 패스트버타이징 전략은 소셜 미디어에서는 '가장 잘 만든 광고'가 아니라 '가장 효과적인 광고'를 만드는 것이 더 중요하다는 것을 다시 한번 증명한다.

마케팅 전략 10

브랜드의 명성을 새로운 방식으로 증명하라

소비자들은 많은 사람들에게 크게 알려져 있거나 선호도가 높은 브랜드의 제품이라면, 높은 충성도를 갖고 있지 않더라도 쉽게 선택하는 경향이 있다. 브랜드의 명성이 소비자의 구매 의사 결정의 중요한 요소가 되는 것이다. 소비자들에게 자사 브랜드가 다른 경쟁 브랜드에 비해 어떤 점이 더 좋은지, 어떤 특별한 장점을 갖고 있는지에 대해 복잡하게 이야기하는 것보다 때로는 특별한 실험이나 테스트 또는 검증된 자료의 수집을 통해 브랜드의 명성을 직접적으로 증명하는 전략이 소비자들의 공감을 훨씬 더 강력하게 이끌어낼 수 있다.

버거킹 버거 이름 3가지를 대면 1만 달러 상금!
특별한 테스트로 와퍼 버거의 명성을 증명한 버거킹

지난 2022년 버거킹은 큰 상금을 걸고 흥미로운 설문 조사를 진행했다. 런던, 도쿄, 멕시코시티, 스톡홀름 등 4개 주요 도시의 거리로 나가 사람들에게 버거킹 버거 메뉴의 이름을 3가지 말하면 1만 달러(약 1320만 원)의 상금을 주는 테스트였다. 설문 조사 결과는 흥미로웠다. 4개 주요 도시에서 설문에 참여한 사람들 중 85%가 버거킹의 버거 메뉴 중에서 오직 '와퍼(Whopper)' 하나만 떠올렸고 설문에 참여한 사람들 중 단 3%만이 와퍼를 제외한 다른 2가지 버거 메뉴에 대해 정확하게 답했으며, 4개의 버거 메뉴를 떠올린 사람들은

단 한 사람도 없었다.

버거킹에는 와퍼 외에도 많은 버거 메뉴들이 있는데 그런 메뉴들을 사람들은 거의 기억하지 못한다는 것은 버거킹 입장에서는 다소 실망스럽거나 아쉬울 수 있는 설문 조사 결과일 수 있다. 그런데 버거킹은 오히려 이러한 설문 조사 결과를 새로운 관점에서 해석하는 역발상을 했다. 전 세계 10명 중 9명이 버거킹의 '와퍼' 버거의 이름을 바로 떠올릴 수 있다는 이슈를 와퍼의 명성을 증명해 보이는 마케팅에 활용한 것이다.

버거킹은 버거킹 메뉴의 이름을 묻는 설문에 참여한 사람들의 실제 설문과 인터뷰를 편집해 유튜브 영상으로 제작하고 버거킹 버거의 메뉴와 이름을 식별해 기재하는 설문지의 답변 결과들을 포스터로 제작해 옥외 광고, 인쇄 광고를 진행했다. 그리고 출시 이후 지난 65년간 전 세계에서 140억 개 이상 판매된 버거킹 와퍼에 대한 고객들의 특별한 애정과 관심을 증명했다.

다수의 사람들이 와퍼만을 떠올리는 실망스러울 수 있는 설문 결과를 버거킹 와퍼의 명성을 더욱 돋보이게 만드는 증명의 소재로 활용한 버거킹의 역발상 마케팅 전략은 브랜드의 강점은 제대로 확실하게 살리고 약점은 센스 있게 감추는 발상의 전환을 확인하게 한다.

패셔니스타의 진짜 패션은 바로 이것!

패션쇼의 비하인드 컷을 활용한

캐주얼 샌들 브랜드 하바이나스

광고를 먼저 살펴보자. 지난 2020년 뉴욕 패션위크의 패션쇼 현장의 백스테이지에서 패션쇼의 캣워크를 준비하고 있는 실제 모델들의 모습을 담은 사진이다. 진짜 얼굴을 알아보지 못하도록 얼굴이 모자이크 처리가 되어 있는 모델들의 사진에서 시선을 끄는 것이 있는데 그것은 패션모델들이 하나 같이 하바이나스(Havaianas) 샌들을 신고 있다는 점이다.

패션쇼 캣워크에서는 단 한 순간의 쇼를 위해 무대 의상을 입지만 백스테이지에서의 스타일은 바로 패션모델, 패셔니스타들의 '진짜 패션'인 것. 하바이나스는 패션위크와 어떠한 스폰서 계약도 하지 않았지만 패션에 일가견이 있다고 하는 모델, 패셔니스타들이 하바이나스 샌들을 신고 있는 장면들을 포착했다. 그리고 수많은 모델들이 패션쇼 무대를 준비하는 백스테이지에서 하바이나스 샌들을 착용하고 있는 실제 상황을 스냅샷으로 촬영하고 이를 활용해 광고를 제작했다.

패션쇼 현장이 아니라 모델들의 진짜 스타일을 확인할 수 있는 백스테이지의 패션이 진짜 패션이고, 패셔니스타들이 선호하고 즐겨 신는 브랜드가 바로 하바이나스라는 점을 대대적으로 알리고자 한 것이다. 그리고 인쇄 광고뿐 아니라 페이스북을 활용한 디지털 콘텐츠, 옥외 광고 등 다양한 플랫폼을 통해 모델들이 가장 즐겨 신는 브랜드가 하바이나스라는 점을 강조했다.

하바이나스는 과장된 수식어를 사용하거나 소문을 인용하는 대신 패션쇼 무대 뒤에서 모델들의 실제 패션을 포착한 사진과 단 하나의 짧은 카피만 사용해 스타일에 가장 민감한 패션모델들도 일상에서 즐겨 신는 샌들이라는 점을 보여주었다. 또한 이를 통해 캐주얼한 잡화로 취급받을 수 있는 샌들도 자신의 스타일을 뽐낼 수 있는 중요한 패션 아이템이 될 수 있다는 점을 효과적으로 알리는 데 성공했다.

AI에게 케첩을 그려보라고 했더니?
인공 지능도 인정한 하인즈 케첩의 명성

인공 지능 기업 오픈AI(OpenAI)의 달리(DALL-E)는 텍스트를 입력하면 자동으로 이미지를 생성해 주는 'AI 이미지 생성기'로 유명하다. 전 세계는 이 놀라운 기술에 열광했고 수많은 사람들이 달리를 활용해 자신만의 방식으로 그림을 그릴 수 있는 시대가 온 것에 주목했다.

지난 2022년 하인즈는 가장 진보된 AI 이미지 생성기인 달리 2(DALL-E 2)를 활용해 특별한 테스트를 진행했다. 바로 '하인즈'나

'하인즈 케첩'과 같은 브랜드를 전혀 언급하지 않고 오직 '케첩'이라는 단어를 활용한 문장들을 입력해 달리2에게 케첩 그림을 요청한 것이다.

달리2는 요청에 따라 다양한 스타일의 케첩의 이미지들을 완성했는데 그림의 스타일은 각양각색이었지만 모두가 똑같은 것이 하나 있었다. AI가 완성한 거의 모든 그림에서 하인즈 케첩의 패키지의 비주얼이 형상화되었다는 것이다. 하인즈 케첩은 인공 지능도 케첩을 하인즈 케첩과 동일시하는 이 흥미로운 테스트 결과를 활용해 글로벌 캠페인을 진행했다. 달리2가 완성한, 누가 보더라도 하인즈 케첩을 떠올리게 만드는 수많은 케첩의 이미지를 활용해 다양한 인쇄 광고와 옥외 광고를 제작했다.

하인즈의 전략은 여기에 거기에 그치지 않았다. 메타버스와 오프라인에서 사람들을 초대해 인공 지능이 그린 하인즈 케첩의 그림들을 모아 전시회를 열었고, 하인즈 케첩의 패키지에 AI가 그린 하인즈 케첩을 떠오르게 만드는 라벨을 부착한 한정판 에디션을 출시했다.

하인즈 케첩은 브랜드 최초로 AI 이미지 생성 기술을 활용한 마케팅을 통해 어떠한 편견이나 고정관념을 갖고 있지 않은 '인공 지능도 인정한 케첩 브랜드'라는 점을 디지털과 오프라인의 모든 접점에서 효과적으로 알렸다. 또한 'It Has To Be Heinz(케첩은 하인즈여야만 하는)' 이유를 브랜드의 목소리가 아닌 인공 지능의 목소리를 통해 알리면서 1등 케첩 브랜드의 명성을 그야말로 창의적면서도 혁신적인 방식으로 증명해 보이는 데 성공했다. 새로운 기술의 힘을 누구보다 빨리 활용한 하인즈 케첩의 'A.I. Ketchup(A.I 케첩)' 캠페인은 브랜드의 명성과 강점을 사용자의 시선에서 증명해 보이는 매우 창의적인 전략을 보여준다.

'최고 맛집'이라고 자랑하는 가게들의 한 가지 공통점
코카콜라가 1등 브랜드의 명성을 증명하는 특별한 방법

최고의 햄버거 가게, 넘버원 피자 맛집, 팔라펠(Felafel, 콩으로 만든 요리)의 왕… 단순히 햄버거, 피자, 팔라펠 가게의 간판을 촬영한 사진을 모아 놓은 것인데 모든 가게가 저마다 자신들이 가장 맛있는 최고의 맛집이라는 것을 강조한다. 이 가게들의 음식이 실제로 얼마나 맛있는지는 모르겠지만 최고의 맛집이라고 자부하는 이러한 가게들의 간판에서 공통적으로 확인할 수 있는 한 가지가 있다. 맛집이라고 지칭하는 모든 가게의 간판에서 코카콜라를 판매한다는 것을 강조하고 있다는 점이다.

글로벌 광고 대행사 VMLY&R에는 오픈 X(Open X)라는 코카콜라의 브랜드 캠페인을 담당하는 전담팀이 있는데, 이 팀은 미국 전역을 다니며 맛집이라고 자부하는 가게들의 간판에서 모든 가게가 공통적으로 강조하고 있는 사실이 있다는 점을 발견했다. 모든 맛집들이 자신들 가게의 시그니처 메뉴가 코카콜라와 가장 잘 어울린다는 점을 적극적으로 알리고 있다는 것이다.

이에 코카콜라의 광고 대행사는 미국 전역의 가게들을 돌아다

니며, 스스로 맛집이라고 자부하면서 코카콜라를 판매한다는 사실을 강조하고 있는 햄버거, 피자, 팔라펠 가게들의 간판을 촬영했고 이 간판 사진들을 모아 'One thing we agree on(우리가 동의하는 한 가지).'라는 카피를 넣어 광고를 만들었다.

'최고의 맛집'이라고 자부하는 가게들 모두가 코카콜라가 가장 맛있는 음료라는 것을 인정하고 있다는 점을 통해 많은 사람들이 즐겨 마시는 1등 음료 브랜드로서 '코카콜라'의 명성을 확실하게 증명한 것이다.

마케터의
레퍼런스 탐색법

3

기획자나 마케터가 일을 하면서 가장 많이 쓰는 단어 중 하나가 바로 '레퍼런스'가 아닐까 싶다. 레퍼런스의 사전적 의미는 '어떤 기획이나 준비를 할 때 참고할 수 있는 자료'지만, 언제나 새로운 발견을 원하는 마케터라면 레퍼런스의 정의에 대해 좀 더 유연하게 의미를 확장해 볼 필요가 있다.

우리 주위를 둘러 싼 어떤 것이든, 무엇이든 레퍼런스가 될 수 있다. 중요한 것은 '어떤 방식으로 레퍼런스를 탐색하는가'이다. 그렇다면 '마케터와 기획자는 레퍼런스를 어떻게 탐색해야 하는가?' 이에 대한 답으로 이 장에서는 일과 일상에서 기획자, 마케터에게 좋은 영감을 주고 새로운 발견을 가능하게 하는 9가지 레퍼런스 탐색법을 제안하고자 한다.

1 마케터에게 레퍼런스란

1) 레퍼런스의 정의

기획자나 마케터가 일을 하면서 가장 많이 쓰는 단어 중 하나가 바로 '레퍼런스(Reference)'가 아닐까 싶다. 레퍼런스의 사전적인 의미는 '어떤 기획이나 준비를 할 때 참고할 수 있는 자료'지만, 언제나 새로운 발견을 원하는 마케터에게 필요한 레퍼런스의 정의에 대해서 나는 기본적인 의미를 좀 더 확장해 다음과 같이 9가지의 개념으로 이야기하고 싶다.

레퍼런스는 자극이다.

다양한 레퍼런스를 탐색하는 과정에서 습득하게 되는 지식과 정보들은 늘 신선한 자극이 된다.

레퍼런스란 지식을 자신의 것으로 만들기 위한 과정이다.

레퍼런스는 단지 여러 가지 정보들을 수집만 하는 것이 아니라 자신만의 방식으로 체계화하고 정리해 언제든지 활용할 수 있게 하는 의식적인 활동이다.

레퍼런스는 좋은 영감의 보관소이자 창고다.

꾸준하게 자신만의 방식으로 수집한 레퍼런스는 필요한 순간마다 언제든 찾아볼 수 있어 창의적인 활동에 도움이 되는 좋은 영감의 보관소가 된다.

레퍼런스는 좋은 감각을 만들어 주는 발견이자 경험이다.

레퍼런스는 새로운 아이디어를 발견하고 창의성을 자극하는 데 도움을 주는 발견이자 경험이다. 이미 존재하는 정보나 사례를 탐색하는 과정에서 새로운 인사이트를 찾아낼 수 있는 감각을 키울 수 있다.

레퍼런스는 질문하고 탐색하는 학습의 과정이다.

레퍼런스를 수집하고 발견하는 활동을 통해 나만의 호기심과 관찰력으로 끊임없이 세상에 질문을 던지고 답을 찾아보는 과정에서 기존의 지식을 더 발전시킬 수 있고 새로운 아이디어로 확장시키는 통찰력도 생긴다.

레퍼런스는 발상의 전환을 이끌어내는 탐구이자 연습이다.

이미 기존에 있던 다양한 사례나 정보를 탐색하는 과정에서 과거의 생각이나 관점에 대한 변화가 일어난다. 일반적으로 알고 있던 사실에 의문점을 가지고 완전히 다른 관점에서 탐색해 보는 과정에서 인사이트를 발견하고 창의적인 아이디어를 만들어 낼 수 있다.

레퍼런스는 센스를 키우는 일이다.

다양한 레퍼런스를 수집하고 분석하다 보면 나만의 관찰력으로 대상을 분석하고 인사이트를 발견하는 센스를 키울 수 있다.

레퍼런스는 트렌드를 따라가는 것이 아니다.

레퍼런스는 최신 트렌드만을 찾는 것이 아니다. 소비자들의 마음을 사로잡은 트렌드의 변화와 흐름을 탐색하는 과정이다.

레퍼런스는 우연의 발견이기도 하다.

레퍼런스는 의식적으로 수집하기도 하지만 다양한 일상 속에서 우연히 발견하게 되는 경험의 과정이기도 하다

2) 나만의 관점을 만드는 9가지 레퍼런스 탐색법

내가 운영하는 블로그, 브런치, 인스타그램 등에 대해 기획자, 마케터들이 많이 찾는 필수 레퍼런스 채널이라는 이야기를 많이 듣는다. 그래서 많은 사람들이 내게 '어디서' 레퍼런스를 찾는지 자주 질문을 하곤 한다. 그 질문에 대한 나의 대답은 늘 같다. "어떤 것이든, 무엇이든 레퍼런스가 될 수 있고, 중요한 것은 어떤 방식으로 레퍼런스를 탐색하는가"라고 말이다. 그래서 이번에는 질문을 조금 바

꿔보고자 한다. '마케터와 기획자는 레퍼런스를 어떻게 탐색해야 하는가?' 이에 대한 답으로 일과 일상에서 기획자, 마케터에게 좋은 영감을 주는 새로운 발견을 가능하게 하는 '9가지 레퍼런스 탐색법'을 제안한다.

(1) 레퍼런스를 한정하지 않는다

브랜드의 레퍼런스를 탐색할 때는 동일하거나 유사한 비즈니스 카테고리의 브랜드나 직접적인 경쟁 브랜드로만 범위를 한정하지 않는 것이 좋다. '나는 경쟁사의 레퍼런스는 보지 않는다'고 말하는 브랜드 담당자의 이야기를 들은 적이 있는데, 그건 좋은 방식이 아닐 수도 있다고 생각한다. 지금은 더 이상 '경쟁사'의 범주를 명확하게 정의할 수 있는 시대가 아니기 때문이다. 경쟁사를 '어디'라고 말하는 것은 곧 동일한 비즈니스 카테고리에 있는 브랜드나 기업만을 경쟁사로 한정하는 것이다.

넷플릭스의 창업자인 리드 헤이스팅스 CEO는 넷플릭스의 가장 큰 라이벌은 '포트나이트(Fortnite)'라고 이야기한다. 스트리밍 영상 콘텐츠의 범주가 아닌 '엔터테인먼트, 즉 재미'라는 보다 넓은 관점에서 사용자의 시간 점유율을 두고 넷플릭스가 게임을 만드는 회사와 다툴 수밖에 없다는 의미다. 소비자의 '눈'과 '시간'을 뺏기 위해 넷플릭스의 콘텐츠와 겨루는 모든 상대를 경쟁자로 바라보는 것이다. 그런 관점에서 보면 넷플릭스의 경쟁자는 디즈니 플러스, 왓차, 웨이브와 같은 다른 OTT 브랜드가 아니라 유튜브, 밀리의 서재, 네이버 웹툰과 같은 브랜드가 될 수도 있다.

예를 들어 패션 전문 커머스 브랜드에서 10대 신규 가입자를 확대하는 통합 캠페인을 기획한다고 생각해 보자. 레퍼런스를 분석할 때 가장 먼저 다른 패션 브랜드나 패션 관련 커머스 플랫폼의 운영 방식과 마케팅 전략을 분석하는 것을 생각할 것이다. 하지만 이 목표를 좀 더 확장해 보면 '10대 잠재 고객과 어떻게 커뮤니케이션할 것인가'가 핵심이 될 수 있다. 이들이 플랫폼을 방문하게 하고 신규 회원 가입이라는 고객 행동을 하도록 만들어야 하기 때문이다. 그러면 패션 전문 커머스 플랫폼뿐 아니라 10대를 겨냥해 의미 있는 퍼포먼스 성과를 만들어 낸 다른 카테고리의 전문 쇼핑몰이나 엔터테인먼트 서비스 플랫폼과 같은 비즈니스 업계의 사례를 살펴보는 것이 더 중요할 수도 있다. 이렇게 카테고리를 확장하고 경쟁사의 범위를 넓히면 시장 조사, 소비 트렌드 분석, 브랜드 전략 등 레퍼런스의 분석의 범위와 내용이 달라지고 캠페인의 기획 방향과 실행 전략도 달라지게 된다.

(2) 자신만의 관점으로 레퍼런스를 탐색한다

많은 사람들이 뉴스레터, 블로그, 인스타그램, 브런치 등 다양한 채널을 구독하면서 주목할 만한 브랜드 마케팅이나 시장 트렌드에 관한 정보를 수집한다. 바쁜 일상 속에서 다양한 분야나 이슈를 다루는 채널을 통해 기획이나 마케팅에 도움이 되는 정보들을 쉽게 얻을 수 있지만, 구독하고 있는 채널에서 소개하는 견해나 의견들을 수동적으로 그대로 모두 받아들인다면 오히려 관점이 좁아질 가능성이 있다.

나만의 관점을 만드는 데 가장 중요한 것은 '나는 얼마나 다르게 생각할 수 있는가'다. 전문가적 매체나 미디어라고 하더라도 거기에 담긴 의견이나 견해들을 있는 그대로 다 수용하기보다 내가 가진 기존의 지식과 정보, 경험과 비교하며 자신만의 방식으로 레퍼런스를 탐색하는 것이 중요하다. 다른 채널에서 다루고 있는 브랜드나 마케팅 이슈에 대해 다양한 검색 플랫폼을 활용하여 자료들을 찾아본다. 그리고 이에 대해 스스로 호기심을 갖고 질문을 하면서 기존에 내가 직접 경험하거나 수집했던 사례와 비교했을 때 어떤 점이 비슷하거나 다른 점이 있는지, 그리고 기획에 어떻게 적용해 볼 포인트가 있는지 탐색하다 보면 레퍼런스 발견의 방법이 다양해지고 관점의 폭도 더욱 커질 수 있다.

미디어를 통해 브랜드 이벤트나 행사 내용을 간접적으로 경험하는 것에 그치지 않고, 직접 현장을 찾아가거나 관련 콘텐츠를 직접 찾아보면서 자신의 감각으로 경험해 보고 기존의 다른 경험과 비교하며 탐색해 보는 것도 좋다. 그 과정에서 많은 미디어나 매체가 주목하며 다루는 팝업 스토어나 이벤트가 아닌 작은 가게의 운영 방식이나 스몰 브랜드의 소소한 이벤트에서 때로는 더 큰 영감을 얻게 될 수도 있다. 많은 사람들이 주목하지 않거나 이미 많이 다룬 이슈라고 하더라도 열린 마음과 호기심을 가지고 나만의 관점이나 관심사로 질문을 해볼 수 있는 주제를 정하고, 그와 관련된 레퍼런스를 해석하고 기록하는 경험이 나만의 인사이트를 키우는 중요한 계기를 만든다.

영감을 주는 아이디어는 주변에 얼마든지 있다. 그리고 그것을 자신의 것으로 만드는 일은 자신만의 기준으로 질문을 해 보고 답을 찾기 위한 레퍼런스를 탐구하면서 자신만의 관점으로 탐색하고 해석해 보는 능력에 달려 있다.

(3) 관심/업무 분야로만 레퍼런스 탐색을 제한하지 않는다

좋은 기획자, 마케터가 되기 위해서는 자신과 무관하다고 생각하는 레퍼런스를 탐색하는 것도 중요하다. 일과 일상에서 레퍼런스 탐색에 제한을 두지 말자. 소비자는 다양한 관심사나 취향을 갖고 있는 사람들이다. 그런 사람들이 무엇에 관심을 갖고 있는지 어떤 것을 중요하게 생각하는지 다양한 시선으로 살펴보는 것이 중요하다.

일상에서 자신의 취향이나 관심사가 아니더라도 경험에 제한을 두지 말고 다른 사람들이 좋아하는 것을 열린 호기심으로 관찰하거나 경험해 보면서 탐색하는 것은 관점의 폭을 넓히는 데 큰 도움이 된다. 평소의 경험이 많아질수록 레퍼런스 탐색의 기회는 많아지고 감각의 밀도는 더 높아진다. 일상의 시간 속에서 탐색하고 수집한 레퍼런스가 남다른 인사이트를 발견하게 만들고 좋은 아이디어의 시작이 될 수 있다.

자신의 전문 분야가 아닌 다른 분야에도 열린 자세로 관심을 갖는 것도 중요하다. 자신이 일하고 있는 업무와 직접적으로 관련된 분야가 아니더라도 다른 직종이나 직무 분야와 관련된 프로젝트에 관해서도 담당자의 경험담을 들어보거나 진행 사례들을 관심 있게 살펴보면 기획자로서 보다 폭넓은 관점을 가질 수 있다. 광고 기획자, 디지털 마케터, 퍼포먼스 마케터, 콘텐츠 마케터, 카피라이터, 프로덕트 매니저, 웹 기획자, 웹 개발자, 웹 디자이너, 콘텐츠 디자이너, 그래픽 디자이너, UI/UX 디자이너, 에디터, 영상 PD… 브랜드나 기업, 에이전시에서는 이렇게 다양한 분야에서 사람들이 전문 업무를 수행한다. 브랜드 캠페인을 기획하고 운영할 때 큰 규모의 캠페인을 진행하는 경우에는 TV, 유튜브, 소셜 미디어, 프로모션 페이지(웹사이트), 모바일 앱, 디지털 매체, 옥외 광고 등 다양한 플랫폼과 미디어를 통합해서 운영하게 된다.

이렇게 다양한 분야의 사람들이 하나의 프로젝트에 투입될 수 있고, 브랜드 마케터나 에이전시의 기획자가 다른 유관 부서의 실무자들과 효과적으로 커뮤니케이션하고 협력하며 프로젝트를 이끌어가기 위해서는 다른 분야의 업무에 대해서도 어느 정도의 지식이나 경험이 있는 것이 큰 도움이 된다. 브랜드 마케터든 광고 대행사에서 일을 하는 기획자든 업무에 완벽한 경계는 없다. 자신의 전문 분야가 아닌 다른 분야에 대한 지식이나 경험도 필요한 이유다.

(4) 꼬리에 꼬리를 물며 브랜드를 탐색한다

하나의 레퍼런스를 두고 그것과 관련된 연결 고리들을 계속해서 찾는 꼬리에 꼬리를 무는 탐색을 하면 레퍼런스를 탐색하고 분석하는 기술을 키울 수 있다. 지난 2019년 버거킹이 모바일 AR 기술을 활용해 맥도날드 광고에 불을 지르면 와퍼 버거를 무료로 증정한 캠페인을 레퍼런스로 살펴본다고 해 보자. 이 케이스 하나만 놓고 보면 '특별한 디지털 기술을 활용해 맥도날드를 마케팅에 끌어들이는 흥미로운 디지털 캠페인이구나'라고 생각할 수 있다. 하지만 그 케이스만 놓고 보는 것이 아니라 버거킹이 그동안 어떤 브랜드 캠페인을 진행했는지 해당 캠페인 이전과 이후의 케이스들을 함께 살펴본다면 버거킹이라는 브랜드를 통해 얻게 되는 인사이트는 크게 달라진다.

버거킹이 오래전부터 지속적으로 '1등 브랜드 맥도날드'를 경쟁자로 끌어들이는 도발을 하며 사용자들의 관심과 참여 욕구를 만들어 내는 캠페인을 꾸준하게 진행하고 있다는 점, 그리고 모든 마케팅에서 '직화구이로 만든 패티'라는 '킬링 포인트'를 내세워 버거킹만이 이야기할 수 있는 브랜드, 제품의 차별화된 경험 요소를 강조하는 전략을 쓴다는 것을 발견하게 되며, 이러한 인사이트를 통해 버거킹이 다른 패스트푸드 브랜드와 분명하게 구분이 되는 '확고한 개성을 가진 브랜드'로 인식이 되도록 만드는 요인들을 알게 된다.

이처럼 과거에서 현재까지 진행된 브랜드의 캠페인 레퍼런스들을 꼬리에 꼬리를 물며 심도 있게 살펴보면, 각 브랜드의 전략에 어떤 공통점이 있는지, 어떤 일정한 방식이 있는지 파악할 수 있다.

(5) 자신이 브랜드의 마케터, 기획자가 되어 본다

레퍼런스로 찾았던 브랜드의 캠페인이나 광고, 혹은 프로모션 등 마케팅 활동을 살펴보면 기획자의 관점뿐 아니라 내가 그 상품이나 서비스를 구매 혹은 이용하게 되는 사용자나 고객의 관점에서도 평가를 할 수 있다. 그래서 내가 레퍼런스로 살펴본 브랜드의 광고 캠페인이나 마케팅을 '내가 직접 기획해 본다면 아쉬웠던 부분은 개선하고 또 괜찮게 생각했던 부분도 더 좋게 만들어 볼 수 있지 않을까'라고 분석하면서 자신만의 기획안을 만들어 볼 수도 있다.

누구나 다 아는 유명한 광고 대행사가 만든 광고나 프로젝트라고 해서 내가 감히 어떻게 평가를 할까 소심해하지 않아도 된다. 그런 과정을 통해 기획자로서 자신이 가진 경험과 지식의 부족함을 알게 될 수도 있고 레퍼런스를 좀 더 분석적으로 살펴보는 시각을 키울 수 있다. 유튜브 광고, 모바일 앱 이벤트, 광고 카피, 소셜 미디어 콘텐츠, 웹사이트 디자인, 온라인 광고, 팝업 스토어 등 하루에도 수없이 마주치게 되는 브랜드 커뮤니케이션이 모두 기획자로서 역량을 키울 수 있는 레퍼런스이자 나만의 기획안의 소재가 될 수 있다.

(6) 레퍼런스에 대한 다양한 해석을 수집한다

같은 레퍼런스를 두고 다른 사람들은 어떤 포인트에 주목했는지, 또는 어떤 관점으로 해석하고 평가를 하는지 살펴본다. 이 과정에서 똑같은 레퍼런스를 보고도 저마다 다른 포인트에 주목하게 되거나 레퍼런스를 바라보는 관점이 달라질 수도 있다. 하나의 레퍼런스를 두고 서로가 어떻게 다른 관점으로 레퍼런스를 탐색했는지 그리고 어떤 부분에 주목했고 어떤 포인트에서 적용해 볼 수 있을 것인가에 대한 다양한 의견을 나눠보는 것도 중요하다.

레퍼런스에 대해 직접 의견을 교환하지 않더라도 해당 레퍼런스를 다룬 사람들의 콘텐츠나 유튜브나 인스타그램 등 소셜 미디어 채널에 사람들이 남긴 댓글을 통해서도 다양한 해석을 수집할 수 있다. 이렇게 레퍼런스에 대한 다양한 해석을 수집하는 과정을 통해 새로운 시각을 얻을 수 있고 더욱 날카로운 인사이트를 도출할 수 있다.

(7) 레퍼런스를 탐색하는 다양한 포인트를 적용해 본다

하나의 레퍼런스를 탐색하더라도 여러 가지 포인트에 따라 레퍼런스를 다르게 탐색할 수 있고 얻게 되는 인사이트의 내용과 깊이도 달라질 수 있다. 인기 아이돌 그룹 뉴진스가 새로운 광고 모델로 출연한 맥도날드의 치킨버거 프로모션 캠페인을 하나의 레퍼런스로 탐색한다고 가정해 보자. 우선 뉴진스가 출연하는 소개하는 영상 광고에서는 영상의 연출 방식이나 기법에 초점을 두고 탐색해 볼 수 있을 것이다. 뉴진스가 출연하는 다양한 영상이나 이미지가 티징부터 본편까지 유튜브, 인스타그램 등 맥도날드의 소셜 미디어 채널별로 어떻게 활용이 되어 제품과 이벤트를 소개하고 있는지 콘텐츠 전략을 세밀하게 살펴볼 수 있다. 또 맥도날드와 뉴진스의 콜라보 이슈를 확산시키기 위해 소셜 미디어에서 어떤 사용자 참여 이벤트를 진행하고 있는지, 그리고 맥도날드 모바일 앱 다운로드와 방문을 활성화하기 위해 모바일 앱을 활용한 이벤트는 어떻게 기획을 했는지도 함께 탐색해 볼 수 있다. 이벤트 당첨자에게 제공이 되는 굿즈 경품에 초점을 맞춰 뉴진스를 활용해 제작된 다양한 굿즈들을 어떻게 마케팅에 활용했는지도 살펴볼 수 있다. 또한 유튜브, 네이버, 카카오톡, 트위터 등에 노출이 되는 광고를 관심 있게 살펴보면서 디지털 플랫폼을 활용하는 매체 전략을 심도있게 탐색해 볼 수도 있다.

이렇게 뉴진스가 광고 모델로 출연한 맥도날드의 브랜드 캠페인을 광고 영상 연출 /소셜 미디어 콘텐츠 전략 / 사용자 참여 이벤트(소셜 미디어, 모바일 앱) / 굿즈 마케팅 / 매체 전략 등으로 구분하여 5가지 특정 포인트를 기준으로 세밀하게 분석해 보면, 하나의 레퍼런스라도 각각의 포인트에서 주목하게 되는 요소들과 발견하게 되는 인사이트는 달라질 수 있다. 그리고 '뉴진스를 광고 모델로 활용한 맥도날드의 캠페인'이라는 하나의 레퍼런스에서 각각의 포인트들이 어떻게 기획이 되고 실행이 되었는지 연결해서 살펴보면 레퍼런스의 분석력을 효과적으로 키울 수 있을 뿐 아니라 맥도날드 케이스와 같은 브랜드 캠페인을 준비하게 될 때 전략적으로 기획할 수 있는 눈을 갖게 된다.

(8) 익숙한 것을 새롭게 재탐색해 본다

이미 알고 있는 것이나 유사한 것을 보더라도 낯선 시선으로 새롭게 탐색해 보는 방법을 통해 발견의 힘을 키울 수 있다. 이전에 전혀 존재하지 않았던 완전히 새로운 아이디어라는 것은 없다. 이미 사람들의 인식 속에 있고 존재하는 것에서, 또 이미 존재하는 것들을 조합하는 과정이나 익숙한 개념을 전혀 다른 분야에 적용해 보는 과정에서 좋은 영감을 발견하고 새로운 아이디어를 만들어 낼 수 있다.

특정한 주제나 취향을 테마로 다양한 음악들을 추천해 주는 '플레이리스트'를 레퍼런스의 소재로 탐색한다고 가정해 보자.

NHN벅스의 음악 큐레이션 플레이리스트이자 유튜브 채널 'ᅦ센셜(essential;)'과 가구, 인테리어 플랫폼 '오늘의집'은 얼핏 보면 큰 관련성이 없어 보인다. 하지만 에센셜은 오늘의집 사용자라면 매우 친숙하고 자주 이용하게 되는 브랜드로 대부분 함께 언급이 된다. 에센셜은 다양한 감성을 담은 매력적인 음악 선곡과 함께 음악이 재생되는 동안 단 한 장의 사진을 배경으로 'essential;' 로고만 보이게 하는 감각적인 배경 화면(썸네일)이 큰 호응을 얻었고, 이것이 에센셜 유튜브 채널의 매력적인 상징이 되었다. 그래서 많은 오늘의집 사용자들은 자신의 집을 개성 있게 꾸민 인테리어 사진을 업로드할 때 TV나 아이맥, 아이패드에 에센셜의 유튜브 플레이리스트 영상을 틀어놓고 사진을 촬영한다. 에센셜 유튜브 채널의 감각적인 배경 화면 이미지가 '집을 돋보이게 만드는 중요한 인테리어의 요소'가 되는 것이다.

이런 관점에서 오늘의집 사용자가 에센셜 유튜브 채널을 활용하는 레퍼런스 탐색을 통해 에센셜의 음악 플레이리스트는 귀로 듣는 청각적인 경험뿐 아니라 '집 꾸미기의 중요한 역할을 하는 시각적인 도구'가 될 수 있으며 그것이 사용자들이 에센셜의 플레이리스트를 적극적으로 찾게 만드는 중요한 경험이 된다는 인사이트를 발견할 수 있게 된다.

레퍼런스는 전혀 알지 못했던 새로운 것만을 탐색하는 것이 아니다. 이미 알고 있거나 유사한 것을 보더라도 어떤 관점으로 살펴보느냐에 따라 다른 인사이트를 발견하게 될 수도 있다. 익숙한 것을 재탐색하는 것은 새로운 통찰력을 갖게 만든다.

(9) 레퍼런스를 꼭 먼저 발견하는 것이 중요한 것은 아니다

시대의 흐름에 뒤처지지 않고 발 빠르게 최신 트렌드 정보를 수집하고 관련된 레퍼런스를 탐색하는 것도 필요하다. 하지만 다른 사람들보다 트렌드에 앞서가야겠다는 욕심으로 최신의 레퍼런스 케이스나 자료를 탐색하는 것에만 집착하지 않는 것이 좋다.

다른 사람들보다 레퍼런스를 먼저 발견하는 것이 중요한 것이 아니라 최신의 사례가 아니더라도 과거의 레퍼런스와 현재의 레퍼런스의 연결 고리를 찾고 인사이트를 찾아내어 어떻게 기획에 적용해 볼 수 있을지 아이디어를 도출해 내는 탐색의 자세와 기술이 더 중요하다.

또 최신의 레퍼런스만을 탐색하는 것이 중요하다고 생각하지 말고 과거와 현재의 레퍼런스를 비교해 보고 어떤 점이 다른지, 어떤 변화가 일어났는지, 또 이런 변화를 어떻게 적용해 볼 수 있는지 종합적으로 살펴볼 수 있는 안목을 키우다 보면 트렌드를 바라보는 폭이 넓어지고 다양한 시각을 가질 수 있다.

2 일상에서 만나는 브랜드에서 배우다

레퍼런스는 일상의 경험에서 만나게 되는 발견이다. 나의 인스타그램 프로필에는 '좋은 경험을 많이 하고자 합니다'라는 문장이 있다. 검색을 통해서만 얻는 정보나 지식이 아니라 일상에서 많은 사람들이 찾는 핫한 가게나 공간을 찾거나 가보지 않은 곳들을 찾는 등 해 보지 못한 것들을 체험해 보려는 시도를 많이 하려고 한다. 새로운 시각에서 인사이트를 발견하고 배워가는 즐겁고 가치 있는 훈련은 일상에서는 삶을 더 풍요롭게 만들어 줄 뿐 아니라 일에서도 마케터로서도 호기심으로 주변을 늘 새로운 눈으로 탐구하고 발견할 수 있는 남다른 관찰력을 갖게 만든다.

마케터에게 일상의 사소한 것들을 그냥 지나치지 않고 작은 디테일을 발견할 줄 아는 감각과, 같은 것을 보고도 다른 것을 생각할 수 있는 태도는 무엇보다 중요하다고 생각한다. 온몸으로 경험하며 촉수들을 예민하게 하는 시간들을 평소에 꾸준히 만들어 보려고 하는 것도 그런 이유다. 발견과 탐구의 재미가 창의력을 만들고 오감을 통한 진짜 경험이 살아 숨 쉬는 인사이트로 이어지고 일상을 더 재미있게 만든다. 그리고 그런 경험들이 모여 감가상각 없는 소중한 자산이 된다.

마케터로서 직접 보고 듣고 느껴보는 진짜 경험을 통해 발견하고 기록해 두며 좋은 레퍼런스가 되었던 브랜드의 사례들을 정리해 소개한다.

1) 쓰는 브랜드에서 배우다

무인양품이 생활을 제안하는 남다른 방식

지난 2020년, 무인양품 강남점이 맞은편으로 확장 이전하면서 국내 최대 규모로 재단장하고 '음식 셀렉트 숍'이란 새로운 형태의 매장을 오픈했다. 무인양품 강남점은 공사를 진행하는 동안 매장 오픈 소식을 알리는 현수막을 외부에 부착했는데, 다른 현수막처럼 오픈 이벤트와 날짜를 크게 홍보하는 대신 '식음료 특화 매장'을 열게 된 배경을 상세하게 소개했다.

'맛있다'는 건 무엇일까?

무인양품은 상품이나 서비스를 통해 세계 각국 사람들의 생활에 도움이 되는 매장을 만들고자 합니다. 의·식·주·는 서로 밀접하게 연결되어 있고 본래 나누어서 생각할 수 없으며 그중에서도 '식(食)'은 가장 중심이 되는 것입니다.

하지만 도시에서 생활하는 사람들에게 있어 '식(食)'을 생산하는 현장은 먼 존재가 되었으며 먹거리는 단순히 소비하는 것으로 여겨지고 있습니다. 많은 상품이 이름이나 가격에 대해서만 주목을 받고 상품에 담긴 생산자의 생각이나 여러 가지 아이디어와 같은 정보는 잘 전달되고 있지 않은 상황입니다.

무인양품 강남점에서는 "맛있다는 건 무엇일까?"를 테마로 일반적인 상품구성에 더하여 만드는 사람과 먹는 사람을 연결하는 장소로 '식(食)' 관련 상품을 확대하고, 우리들이 많이 접하지 못 하는 '식(食)' 관련 스토리나 상품정보를 전달하고자 합니다.

무인양품은 '이것이 좋다' 또는 '이것이 아니면 안 된다'라고 강하게 고객을 유인하는 상품을 만드는 것이 아니라 '이것으로 충분하다'라는 이성적인 만족감을 고객에게 주는 것을 브랜드의 중요한 목표로 삼는다. '꼭 이것이어야만 한다'고 주장하는 대신 늘 한결같이 사람들의 생활 속에 필요한 '기본'과 '보편'을 계속 제안하는 무인양품의 행보는 마케터에게 언제나 관심의 대상이 된다.

무인양품은 스스로 브랜드가 아니라고 말한다. 유행과 개성으

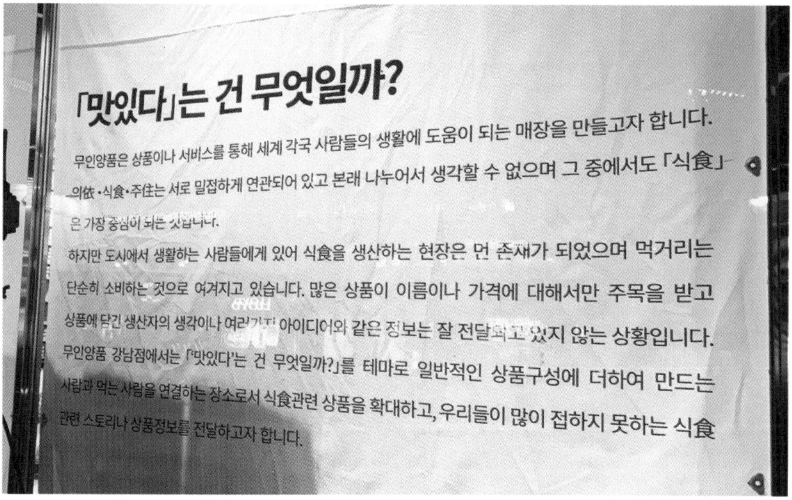

로부터 한발 물러나 상표와 이미지는 가격에 반영하지 않으며 오로지 생활과 상품의 밸런스를 통한 '간결함의 생활 미학'을 중점적으로 제안한다. 그래서인지 무인양품이 선보이는 상품들은 모두 '간결하다'는 것이 특징이다.

같은 맥락에서 무인양품이 매장에서 제품을 소개하는 방식 역시 최대한 심플한 디자인과 메시지를 추구한다. 쓸데없는 문장은 과감하게 줄이고 짧고 심플하게, 억지로 힘을 주지 않아 가벼우면서도 제품의 매력을 한껏 느끼게 만드는 무인양품의 제품 소개 카피는 언제나 마케터에게 좋은 영감을 준다. 무인양품이 제품을 소개하는 카피를 살펴보면 브랜드가 아니라 '상품의 본질적 편의성'으로 선택을 받겠다는 무인양품만의 철학을 확인할 수 있다.

양동이도 숨기고 싶은 비밀이 있다. (뚜껑이 있는 양동이)

군더더기 없는 청소의 형태. (카페트 클리너)

확인하지 않아도 괜찮아요. 양면이니까. (양면 세탁망)

집어서 걸고 사용 방법은 여러 가지. (걸 수 있는 와이어 클립)

솔직히 아깝습니다. 웨트 시트에만 사용하기가.

(다양한 생활, 키친 용품 수납이 가능한 웨트 시트 케이스)

먹는 동작으로부터 태어난 형태. (철제 숟가락)

매일 사용하고, 오래 사용하기. (메쉬 트레이)

식사의 기본이 되는 식기. (딥 보울)

한 끼를 차려줍니다. (목제 트레이)

이것 하나로 볶고 뒤집고 건지고 담고. (조리용 스푼)

각각, 있어야 할 곳이 발견이 됩니다. (메이크 박스)

향기도 빛도 즐길 수 있습니다. (초음파 아로마 디퓨저)

자연의 음색으로 시간을 알립니다. (뻐꾸기시계)

사용하기 편리함을 모두의 손에. (문구용품)

모양은 제각각이지만 똑같이 맛있습니다. (초코 딸기)

오리지널 콘텐츠를 홍보하는 넷플릭스 사용자 참여 이벤트

드라마 과몰입러를 위한 '〈더 글로리〉 중간고사'

넷플릭스 코리아의 오리지널 드라마 〈더 글로리〉는 단연 2023년 넷플릭스 최고의 흥행작으로 평가받는 작품이다. 2022년 12월 30일에 공개된 더 글로리 파트 1은 누적 시청 시간 1억 8956만 시간을 기록하며 넷플릭스 글로벌 TOP10, TV(비영어) 부문 1위에 오르며 넷플릭스 신규 회원 가입과 시청 효과에 크게 기여했다. 넷플릭스는 2023년 3월 10일 더 글로리 파트 2(9화~16화)의 공개를 앞두고 시청자들의 기대감을 높이기 위한 사용자 참여 이벤트를 진행했는데, 오리지널 드라마의 스토리를 특별한 방식으로 마케팅에 활용했다.

3월 3일부터 3월 19일까지 진행이 되었던 넷플릭스 '〈더 글로리〉 중간고사'는 파트 1을 시청한 사람들을 대상으로 파트 1의 이야기와 관련된 객관식 질문에 대한 정답을 맞히는 테스트 형식의 사용자 참여 이벤트다. 〈더 글로리〉를 시청한 사람들만 풀 수 있는 시험을 국어, 심화 탐구, 수학, 역사 등 총 4개 영역의 객관식 30문항으로 만들어 질문의 유형별로 배점을 다르게 적용해 총 100점 만점이 되도록 했다.

넷플릭스는 1차로 3월 3일 오후 9시부터 20분간 실시간으로 동

시에 참여할 수 있는 중간고사 이벤트(전국 동시 개최)를 진행했는데, 실시간 중간고사에 참여하려던 사용자들의 페이지 접속이 폭주해 서버가 과부하되는 바람에 이벤트가 제대로 진행되지 못해 넷플릭스가 공개 사과까지 하는 사태가 발생했다. 이후 2차 이벤트 오픈을 하면서 넷플릭스는 3월 4일부터 특정 시간대에 동시 접속으로 참여해 시험 문제를 푸는 방식이 아닌 누구나 언제든 중간고사 시험 페이지를 방문해 참여할 수 있는 '전국 상시 개최'라는 방식으로 이벤트를 진행했다. 제한된 시간 내에 시험 문제를 모두 풀고 최종 정답을 제출하면 응시 완료가 되는데, 인증 이벤트 참여 시 추첨을 통해 다양한 경품을 증정하는 것이다.

넷플릭스의 〈더 글로리〉 중간고사 이벤트는 세 가지 관점에서 흥미로운 사용자 참여 경험을 만들어 내는 디테일들을 경험할 수 있다는 점에서 시선을 끌었다.

첫 번째는 콘텐츠 시청 경험을 새로운 방식으로 이어가는 사용자 참여 전략이다. 넷플릭스는 오리지널 시리즈를 한 번에 모두 공개하는 기존의 방식과 달리 최근에는 파트를 나누어 1~2개월 이상 일정 기간을 두고 공개를 하는 방식을 많이 사용한다. 더 글로리 중간고사 이벤트는 콘텐츠 시청자들을 대상으로 넷플릭스 시청 경험을 새로운 방식으로 계속해서 이어갈 수 있도록 하고 파트 2가 공개되기 전에 파트 1을 다시 시청하도록 유도하면서 파트 2에 대한 기대감을 보다 극적으로 높이는 시너지 효과를 만들어 냈다.

두 번째는 중간고사 시험 콘셉트의 잘 설계된 디테일이다. 사실 시험 문제지 콘셉트의 참여 이벤트는 넷플릭스가 처음이 아니며 이전에도 진행한 사례가 적지 않게 있었다. 하지만 넷플릭스의 〈더 글로리〉 중간고사 이벤트의 아이디어가 특별히 신선하다고 느낀 이유는 바로 참여의 재미를 높이는 '잘 설계된 디테일' 때문이다. 이벤트 내용과 참여 방식을 알리고 시험장에 입장하는 이벤트 메인 페이지, 그리고 참여자 정보를 기재하는 페이지에서 수험번호를 발급하는 등 참가자들에게 실제로 시험을 치르는 느낌을 받도록 했고, 시험 문제를 풀어가는 과정에서 참가자가 각 질문별로 어떻게 정답을 기재했는지 'OMR 답안 카드'로 실시간 확인할 수 있게 했다.

또 모든 문제를 다 풀고 난 후 채점된 점수를 알려주는 방식에서도 참여 과정의 재미를 더했다. 〈더 글로리〉 파트 1의 주인공 문동은(송혜교)의 얼굴 모습과 주요 명대사를 활용해 채점 결과와 점수에

2023년도 〈더 글로리〉 중간고사

국어 영역

남은 시간	00 : 19 : 11

3 / 30

3. 극 중 각 등장인물의 꿈으로 언급된 것으로 옳지 않은 것은? [2점]

① 박연진의 꿈: 현모양처
② 손명오의 꿈: 백만장자
③ 문동은의 꿈: 건축가
④ 전재준의 꿈: 건물주
⑤ 최혜정의 꿈: 승무원

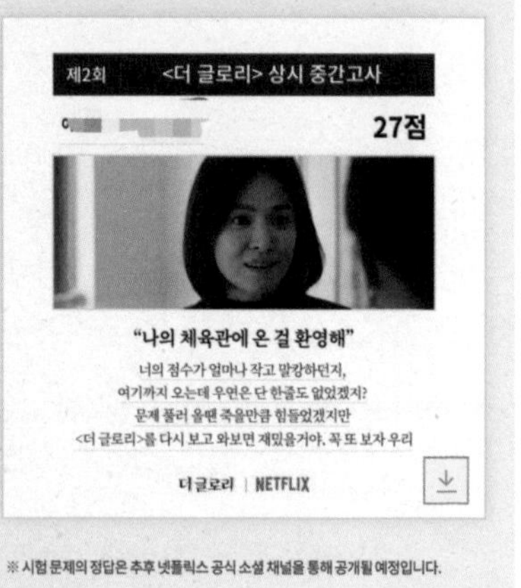

대한 평가를 여러 가지 타입으로 안내하고, 결과를 적극적으로 공유하도록 세심한 디테일을 설계했다.

세 번째는 유튜브 콘텐츠 활용법이다. 유튜브 콘텐츠를 활용해 중간고사 이벤트 참여의 재미를 더하는 기획이 신선했는데, 넷플릭스는 이벤트 시작 전후 일정 시점별로 〈더 글로리〉 주요 출연진과 인기 유튜버가 출연하여 중간고사 문제를 풀고 정답을 확인하는 과정들을 재미있게 보여주는 영상을 공개했다. 3월 4일 중간고사 상시 참여 이벤트가 시작된 후 일주일이 지나고, 파트 2가 공개되기 하루

전인 3월 9일에는 출연진들의 중간고사 참여 영상 풀버전을 공개해 중간고사 4개 영역의 정답들을 확인하는 과정을 재미있게 보여주었다. 그리고 같은 날 동시에 인기 유튜버 '빠더너스'가 문쌤으로 출연해 30개 문항 중 10개를 선정해 정답을 알려주는 콘텐츠를 공개해 중간고사 이벤트에 참여한 시청자들의 높은 관심을 이끌어냈다.

넷플릭스 〈더 글로리〉 중간고사 이벤트를 통해 오리지널 콘텐츠에 대한 시청 경험을 신선한 방식으로 사용자 참여 미션과 연계시키면서, 콘텐츠의 N차 시청(관람)을 유도하는 방법과 공개 예정인 새로운 콘텐츠에 대한 기대감을 효과적으로 높이는 잘 짜인 기획의 디테일을 확인할 수 있다.

"식사는 잡쉈어?"

성수동에서 만난 넷플릭스 드라마 명대사

넷플릭스 오리지널 드라마 〈수리남〉은 2022년 9월 9일 공개된 이후 글로벌 드라마 부문 TOP10(비영어권) 드라마 부문 1위에 오르며 큰 인기를 얻었다. 수리남이 크게 흥행을 하면서 국내에서는 배우 박해수가 연기한 캐릭터 최창호의 "식사는 잡쉈어?"라는 대사가 큰 화제가 되며 유행어가 되었다.

넷플릭스는 MZ세대가 많이 찾는 성수동에서 특별한 방식으로 〈수리남〉을 홍보하는 옥외 광고를 진행했다. 넷플릭스의 옥외 광고는 상대적으로 드라마의 제목은 적게 노출시키는 대신 유행어가 된 수리남의 최창호의 명대사를 크게 돋보이도록 했다.

넷플릭스는 직접적으로 수리남의 드라마 포스터를 전면에 붙이거나 드라마의 제목을 강조하는 방식으로 옥외 광고를 제작하지 않았다. 오히려 〈수리남〉 드라마의 제목은 감추면서 드라마 속 대사를 부각시키며 〈수리남〉을 시청한 사람들에게는 반가움과 흥미를, 〈수리남〉을 시청하지 않은 사람들에게는 호기심을 불러일으켰다. 때로는 '결핍'과 '모자람'이 더 큰 관심과 기대를 만들어 낸다는 것을 넷플릭스 '수리남'의 옥외 광고에서 확인할 수 있다

잡코리아와 알바몬이 하나의 광고에
패밀리 브랜드의 옥외 광고 활용법

아르바이트 채용 플랫폼 '알바몬'이 커리어 플랫폼 '잡코리아'의 패밀리 브랜드이자 같은 회사라는 사실을 알고 있는가? 아마 몰랐던 사람도 적지 않을 것이다. 2023년 1월 비슷한 시기에 브랜드 광고를 활발하게 전개하고 있던 잡코리아와 알바몬은 특별한 방식으로 지하철역 옥외 광고를 진행해 두 브랜드가 같은 회사라는 점을 알렸다. 바로 두 개의 브랜드가 하나의 스크린 도어를 동시에 활용해 광고를 제작한 것이다.

하나의 옥외 광고에는 보통 하나의 브랜드를 홍보하는 것이 일반적인데 잡코리아와 알바몬은 지하철역 스크린도어 공간을 반으로 나눠 두 브랜드를 동시에 홍보하는 전략을 택했다. 또한 잡코리아 광고에서 알바몬의 익숙한 브랜드 광고 카피인 "알바를 리스펙트(Respect)"를 패러디해 사용한 것도 두 브랜드가 같은 회사의 브랜드라는 점을 짐작하게 했다.

그렇다면 전혀 다른 타깃을 고객으로 삼고 있는 잡코리아와 알바몬은 왜 두 브랜드를 함께 홍보하는 광고 전략을 진행하는 것일까? 알바몬은 직장인이 되기 전에 아르바이트가 필요한 사람들을 위한 플랫폼이고, 잡코리아는 성인이 되어 직장 생활을 하는 사람들을 위한 플랫폼이다. 직장 생활을 하기 전에 청소년이 아르바이트가 필요할 때는 알바몬을 찾고, 알바몬을 즐겨 사용했던 청소년이 성인이 되어 취업이나 이직을 준비하게 될 때 잡코리아를 자연스럽게 찾게 만든다면 같은 회사의 두 브랜드가 채용 시장에서 청소년과 성인 모두를 고객으로 확보할 수 있다. 그래서 잡코리아는 알지만 알바몬이 잡코리아와 같은 회사인지 몰랐던 사람들, 알바몬은 아는데 잡코리아에는 관심이 없거나 알지 못했던 사람들을 동시에 겨냥해 두 브랜드를 함께 알리는 광고 전략을 기획한 것이다.

잡코리아와 알바몬의 패밀리 브랜드 마케팅은 광고에서 그치지 않는다. 하나의 아이디로 잡코리아, 알바몬 두 브랜드의 플랫폼을 동시에 이용하도록 했고 유튜브, 인스타그램 채널도 하나로 통합해 운영하고 있다.

발길을 돌리는 고객을 잡아라

올리브영 매장의 리뉴얼 안내 포스터

올리브영 가로수길 타운점이 리뉴얼로 매장 영업을 잠시 중단하는 소식을 전하며 인근 매장 방문을 안내하는 안내 포스터를 부착했다. 현재 매장 리뉴얼을 진행하고 있으니 인근 매장을 방문해달라는 안내를 하는 것 자체는 특별한 것이 아니지만 올리브영 가로수길점의 임시 영업 중단 안내 포스터에는 특별한 소식을 알리는 내용이

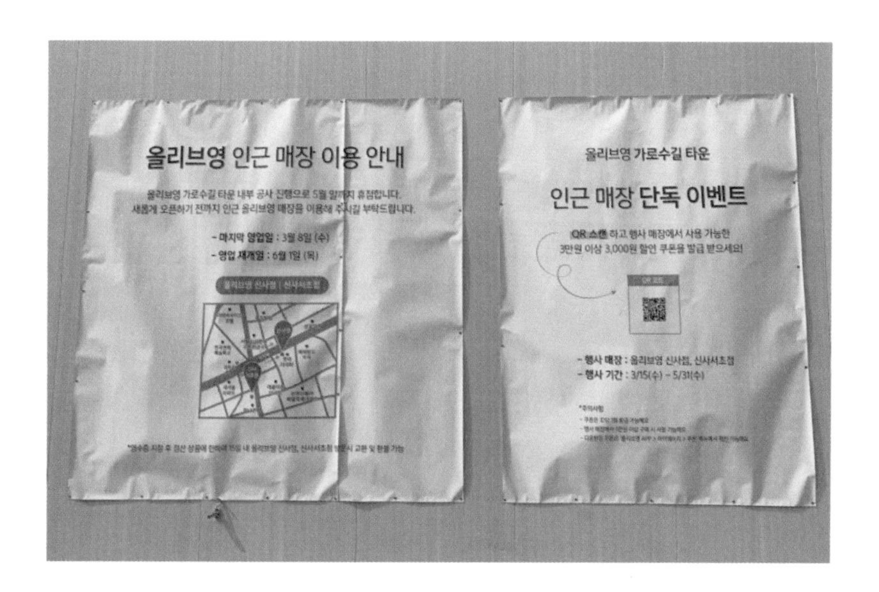

하나 더 있었다.

리뉴얼 안내 포스터를 본 사람에게 특별한 인센티브를 제공하는 '인근 매장 단독 이벤트' 소식을 함께 안내한 것이다. 이벤트 안내 포스터의 QR코드를 스캔하면 올리브영 가로수길 타운점과 가까운 위치에 있는 올리브영 신사점, 신사서초점 두 곳에서만 특정 기간 내에 사용 가능한 3만 원 이상 구매 시 3천 원을 할인받을 수 있는 쿠폰을 다운로드할 수 있게 했다.

나는 올리브영 가로수길 타운점의 리뉴얼 안내 매장 포스터에서 두 가지 점에 주목했다. 매장을 찾았다가 리뉴얼 소식을 듣고 발길을 돌리게 되는 고객들이 다른 브랜드의 매장을 가지 않고 근처의 다른 올리브영 매장을 적극적으로 방문할 수 있게 하는 인센티브를 제공할 수 있다는 점, 그리고 할인 쿠폰은 올리브영 회원에게만 제공이 되는 것이라 오프라인에서 올리브영 온라인 회원이 아닌 고객을 겨냥해 신규 회원 가입을 유도할 수 있다는 점에서도 좋은 프로모션이 될 수도 있다는 것이다. 올리브영은 온라인과 오프라인 매장을 아우르는 옴니 채널 전략의 성공으로 큰 성장을 거두었는데 리뉴얼을 안내하는 매장 포스터에서도 한 차원 높은 수준의 리테일 마케팅을 보여준다.

인간적인 제스처를 담아라
지그재그 모바일 앱 업데이트 안내에서 배운 UX 라이팅의 기술

스마트폰을 갖고 있는 사람이라면 적어도 수십 개의 모바일 앱을 사용하고 있을 것이다. 그래서 스마트폰 사용자는 하루에도 수 없이 많은 모바일 앱 업데이트를 요청하는 알림을 받게 된다. 모바일 앱의 업데이트는 사용자 입장에서는 번거롭고 귀찮은 일이다. 특히나 업데이트가 자주 있는 경우에는 모바일 앱의 사용 경험에 좋지 않은 영향을 줄 수도 있다. 그래서 사용자 입장에서 모바일 앱 업데이트 알림은 브랜드가 사용자와 커뮤니케이션을 하는 방식을 확인할 수 있는 좋은 참고가 된다.

UX 라이팅(UX Writing)에서 중요한 요소 중 하나가 사용자 경험의 요소와 사용자와의 상호 작용을 세심하게 고려해 사용자의 즉각적인 행동을 이끌어낼 수 있는 쉽고 간결한 메시지를 전달하는 것

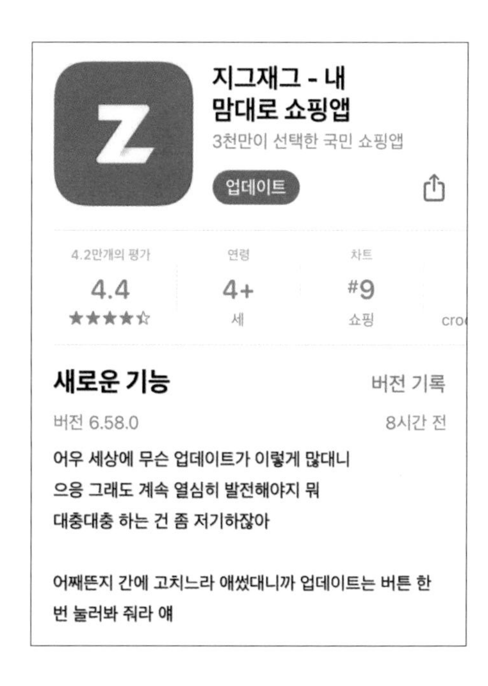

이다. 모바일 앱 업데이트를 알리는 브랜드들의 다양한 사례를 살펴보면 '인간적인 제스처'가 브랜드가 사용자와 특별한 유대감을 이어갈 수 있는 UX 라이팅의 중요한 기술 중 하나라는 점을 확인할 수 있다. 그리고 모바일 앱 업데이트를 알리는 방식에서 '인간적인 제스처'가 가장 돋보였던 브랜드는 스타일 커머스 플랫폼 '지그재그'였다.

지난 2021년 지그재그는 영화 〈미나리〉로 아카데미 등 주요 국제 영화제 상을 휩쓸었고 특유의 직설화법으로 주목받은 배우 윤여정을 광고 모델로 기용했다. 그리고 "니 맘대로 사세요."라는 슬로건과 함께 소비자의 다양한 취향을 존중하는 브랜드의 정체성을 신선하게 알렸다.

지그재그는 모바일 앱 업데이트를 안내하는 방식에서도 광고에 출연한 윤여정식 카피라이팅을 활용했다. 윤여정의 직설적이면서도 솔직하고 유쾌한 화법을 앱 업데이트를 안내하는 카피에도 적용한 것이다. 브랜드 캠페인의 연장선에서 광고 모델 캐릭터 특유의 인간적인 화법을 활용하는 것은 모바일 앱 사용자와 브랜드의 친근감을 유지할 수 있어 앱 업데이트를 보다 적극적으로 유도할 수 있다. 또한 광고에 출연한 모델을 브랜드의 다양한 커뮤니케이션 채널에서 다각도로 활용할 수 있다는 점에서 지그재그 모바일 앱의 UX 라이팅은 인상적이었다.

2) 입는 브랜드에서 배우다

파타고니아는 유행을 팔지 않습니다

'지구가 유일한 주주'라고 선언한 파타고니아

지난 2022년 9월, 글로벌 아웃도어 브랜드 파타고니아(patagonia)의 창업주 이본 쉬나드 회장은 30억 달러(약 4조 2,000억 원)에 달하는 회사 지분을 기후 변화 대응과 환경 보호를 위해 설립된 비영리 재단에 모두 기부한다고 밝혔다.

이본 쉬나드 회장은 파타고니아 웹사이트에 게시된 편지를 통해 그와 그의 배우자, 두 자녀가 가지고 있던 지분 100%를 환경 단체와 비영리 재단에 양도하는 것을 결정했다는 소식을 전하며 "우리는 우리의 터전, 지구를 되살리기 위해 사업을 한다."는 파타고니아의 사명을 진정성 있게 실천하는 결단을 보여주어 전 세계 미디어

1991

파타고니아는
유행을 팔지 않습니다

2022

및 패션업계의 큰 주목을 받았다.

파타고니아는 국내에서도 브랜드의 사명인 지속 가능성을 특별한 방식으로 선언하는 캠페인을 전개했다. 파타고니아는 소비자가 파타고니아 제품을 구입하는 이유는 유행이 아니라 다른 데 있어야 한다고 말하며 '세월이 흘러도 오래 입을 수 있는 옷, 망가지면 다시 고쳐 입을 수 있는 옷, 그래서 다음 세대가 물려 입을 수 있는 옷을 만든다'는 지속 가능한 제품에 대한 브랜드의 철학과 가치를 전했다.

> 파타고니아는 유행을 팔지 않습니다.
>
> 의류 산업은 우리의 삶을 풍요롭게 만들어 주었습니다.
> 하지만 동시에 매년 막대한 산업 폐기물을 발생시키며
> 기후 위기를 초래하는 오염원 중 10%를 배출합니다.
>
> 파타고니아를 포함해 지구상의 어떤 의류 브랜드도
> 이 책임에서 자유로울 수 없습니다.
> 그래서 파타고니아는 제품이 유행 때문에
> 팔리는 것을 바라지 않습니다.
>
> 1973년 사업을 시작하면서부터 파타고니아는 기능에 충실하고
> 내구성이 뛰어난 제품을 만들기 위해 노력해 왔습니다.

세월이 흘러도 오래 입을 수 있는 옷,

망가지면 다시 고쳐 입을 수 있는 옷,

그래서 다음 세대가 물려 입을 수 있는 옷.

이런 옷을 만드는 것이 지구를 되살리기 위한

환경 운동의 한 부분이 될 수 있음을 믿습니다.

patagonia

파타고니아는 브랜드가 탄생했을 때부터 지금까지 '성공적인 사업보다는 건강한 지구가 더 우선'이라는 점을 강조하며 지구를 되살리자는 브랜드의 강한 의지와 진심을 일관되게 호소해 왔다. 그리고 모든 사업을 '지구를 보호하기 위한 여정'에 집중하고 있다. 그리고 이것이 바로 '지구가 목적이며 사업은 수단'이라는 파타고니아의 메시지가 지속 가능성을 외치는 다른 브랜드들의 메시지와는 전혀 다른 강렬한 울림을 주는 이유다.

제품 정보가 아니라 이유를 담는다

룰루레몬의 제품 태그가 바꾸는 브랜드 경험

'애슬레저(athleisure) 룩'의 리더라고 평가받는 프리미엄 스포츠웨어 브랜드 '룰루레몬(lululemon)' 매장에서는 다른 패션 브랜드의 매장과 특별하게 다른 점을 발견할 수 있다. 바로 룰루레몬의 의류 제품에 부착된 태그(tag)다. 일반적으로 많이 보는 패션 브랜드의 태그가 제품 가격과 스타일 넘버, 소재, 품질 보증, 피해 보상 등의 내용을 소개하는 것과 달리 룰루레몬의 제품 태그는 전혀 다른 방식으로 매장을 찾는 고객에게 제품을 소개한다.

룰루레몬의 제품 태그는 '우리가 이 제품을 만든 이유(Why We Made This)'라는 문장으로 시작한다(한글로는 '비하인드 스토리'로 번역이 되어 있다). 즉 어떤 상황에서 착용하면 가장 좋은 옷인지, 어떤 소재로 만들었는지, 이 제품만의 주요한 특징이 무엇인지 어떤 핏인지, 꼭 필요해서 반영한 기능이 무엇인지를 소개하는 것이다.

이를테면 남성복인 '써지 하이브리드 팬츠'의 태그에는 "아침과 저녁 찬 공기에 추위가 느껴질 때 함께하기 좋은 경량 러닝 팬츠예요. 움직임이 자유로워 러닝에만 집중할 수 있어요."라는 문구를

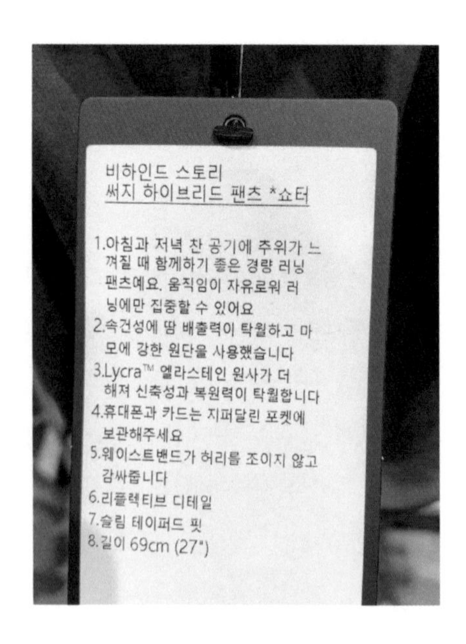

통해 어떤 상황에서 착용하기에 가장 좋은 옷인지 설명한다. 그리고 "가벼운 스위프트 원단으로 땀 배출력이 탁월하고 신축성이 뛰어나다."는 문장으로 제품의 소재와 특징을 알려준다.

일반적인 패션 브랜드의 제품 태그는 제품의 스타일 넘버와 가격 정보를 가장 중요하게 다룬다. 하지만 룰루레몬의 제품 태그는 철저하게 옷을 구매하려는 고객의 시선에서 어떠한 상황에서 어떤 운동을 할 때 착용하기 좋은 옷인지, 옷의 핵심적인 제품의 기능은 무엇인지를 소개하는 방식으로 제품을 제안한다.

룰루레몬은 다른 스포츠 브랜드와 달리 경험을 기반으로 한 개인의 다양성에 집중하는데, 그래서 룰루레몬의 기술 개발 부서는 특정 스펙 대신 주관적 감성과 느낌을 디자인으로 구현하는 것을 중요하게 생각한다. 룰루레몬은 매장의 제품 태그에서도 '개인의 속성을 중요하게 생각하고 주관적 감성과 느낌을 디자인으로 구현하는' 룰루레몬의 디자인 철학을 고스란히 담아내고 있다.

3) 먹고 마시는 브랜드에서 배우다

숫자로만 증명할 수 없는 성과가 있다
'코카콜라 × 에센셜' 콜라보 캠페인에서 주목한 것

지난 2022년 코카콜라는 NHN벅스의 공식 유튜브 채널과 제휴를 맺고 '코카콜라 × 에센셜(essential;)' 콜라보레이션 캠페인을 진행했다. 코카콜라가 여름 시즌을 맞아 플레이리스트 채널인 에센셜과 손잡고 7월 1일부터 매주 1개씩 총 9개의 음악 선곡 플레이리스트를 코카콜라의 광고 이미지를 배경으로 만든 영상으로 공개하는 것이다.

에센셜은 유튜브 음악 플레이리스트 채널 중에서 가장 많은 구독자를 보유한 채널로, 에션셜과 글로벌 1위 음료 브랜드 코카콜라의 콜라보 마케팅이라는 사실만으로도 사람들의 시선을 끌기에 충분했다. 하지만 내가 코카콜라와 에센셜의 콜라보 캠페인에 주목했던 것은 두 가지 이유 때문이었다.

첫째, 디지털 매체에만 집중하지 않고 옥외 광고를 비중 있는 매체로 활용했다는 것이다. 코카콜라와 에센셜 콜라보에서는 코카콜라의 광고 이미지를 썸네일로 적극 활용했는데, 특히 'Coca Cola × essential;' 콜라보 로고를 가장 돋보이게 하는 방식으로 옥외 광고를 제작했다. 코카콜라는 여의도 IFC몰 파노라마 로드, 노스 미디어 타워뿐 아니라 서울 130여 곳의 버스 정류장, 코엑스 케이팝 스퀘어(K-POP SQUARE)까지 큰 규모의 옥외 광고를 전개했다.

에센셜 유튜브 채널의 플레이리스트에 보다 많은 사람들이 방문하게 만드는 퍼포먼스 성과를 고려한다면 디지털 매체에 집중하는 것이 당연히 효율적이라 여길 수 있다. 하지만 코카콜라가 옥외 광고에 큰 비중을 둔 이유는 '그 플레이리스트를 얼마나 많은 사람들이 감상하는가', '이벤트에 얼마나 참여하는가' 등 정량적인 수치로 측정할 수 있는 캠페인의 성과 못지않게 '어떻게 하면 많은 사람들이 코카콜라를 특별한 브랜드로 경험하게 할 것인가'라는 브랜드 경험과 브랜딩을 더 중요하게 생각했기 때문이다.

Coca-Cola
X
essential;

Coca-Cola
X
essential;

두 번째로 제품 패키지를 활용해 오프라인과 디지털을 연결하여 재미있는 브랜드 경험을 만들어 냈다는 점이다. 코카콜라는 옥외 광고나 디지털 광고뿐 아니라 사용자들이 제품 패키지를 통해서도 에센셜 유튜브 플레이리스트를 감상할 수 있도록 했다. 코카콜라와 코카콜라 제로의 300ml, 500ml, 1.5L, 1.8L 페트병에 모두 QR코드를 삽입하여 이를 스마트폰으로 스캔하면 에센셜 유튜브 채널의 플레이리스트에 접속할 수 있다.

때로는 정량적인 수치만으로는 증명할 수 없는 브랜드 경험이 있다. 디지털 시대에도 오프라인에서 오감으로 브랜드를 경험할 수 있도록 다양한 체험 콘텐츠를 제공하는 팝업 스토어와 같은 공간을 활용한 경험 마케팅에 주목하게 되는 이유다. 코카콜라와 에센셜의 콜라보 캠페인은 '얼마나 많은 사람들이 유튜브 채널에 방문하게 할 것인가?', '얼마나 많은 사람들이 플레이리스트를 감상하게 할 것인가?'라는 성과에만 초점을 맞추지 않았다. '코카콜라의 특별한 브랜드 스토리를 어떻게 경험하게 할 것인가', '어떻게 브랜드에 대한 애정도를 높일 것인가'라는 정성적인 성과를 만드는 것을 중요한 전략으로 삼았다.

브랜드를 기억하게 만드는 특별한 방법
한남동 카페 '맥심플랜트'의 이색 와이파이 비밀번호

서울시 용산구 한남동에 위치한 '맥심플랜트'는 동서식품이 지난 2018년 '도심 속 정원, 숲속 커피 공장'을 컨셉으로 오픈한 복합문화공간이자 브랜드 체험관이다. 맥심플랜트는 오픈 이후 지금까지 100만 명이 넘는 사람들이 방문할 정도로 인기가 많은 곳인데, 이곳에 방문하는 사람들이 저절로 주목하게 되는 것이 하나 있다. 바로 카페에서 사용할 수 있는 무료 와이파이의 비밀번호다. 맥심플랜트 카페의 와이파이 비밀번호는 매우 특별하다.

coffee=maxim

'커피라는 행복, 맥심', '커피는 맥심'이라는 맥심의 대표 브랜드 슬로건을 와이파이 비번으로 만든 것이다. 맥심플랜트를 방문하는 사람들 중 다수는 이곳이 맥심 커피를 만드는 동서식품에서 만든 공간이라는 점을 알고 있겠지만 일부는 이름이 비슷할 뿐 커피 브랜드 맥심과는 전혀 관계가 없는 곳이라고 생각할 수도 있다. 맥심플랜트는 카페를 방문하는 사람들 대부분이 관심을 갖게 되는 와이파

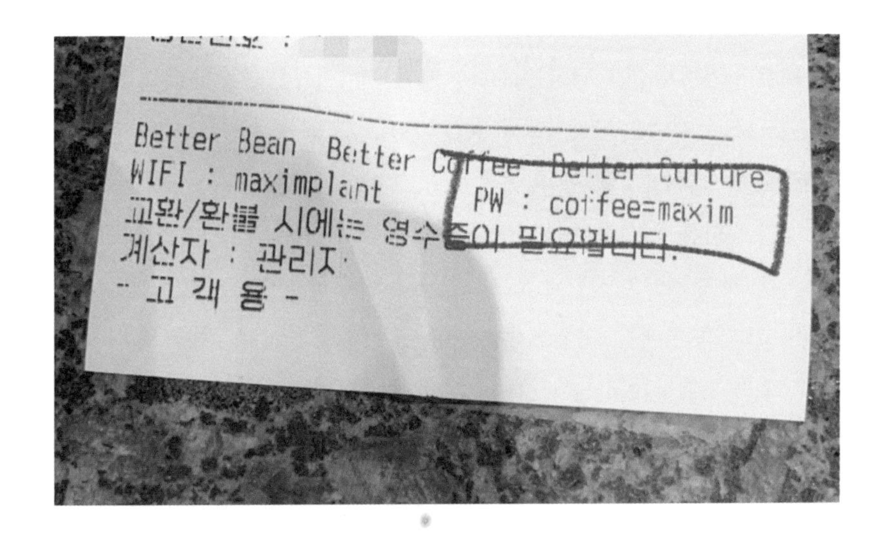

이의 비밀번호를 맥심의 슬로건으로 만들어 동서식품의 대표 브랜드인 '맥심 커피'를 자연스럽게 떠올리게 하는 브랜드 경험을 만들어 냈다.

와이파이 비밀번호를 기억하고 스마트폰에 입력하는 '단순한' 행위 자체를 브랜드의 대표 슬로건을 직접 써보며 브랜드를 떠올리게 만들 수 있는 연결고리로 활용하는 것이다. 맥심플랜트의 와이파이 비밀번호 활용법은 거창하고 화려한 마케팅이 아니더라도 작고 사소한 아이디어를 통해 브랜드를 기억하게 만들 수 있다는 점에서 발상의 전환을 생각하게 한다.

브랜딩 잘하는 카페가 소셜 미디어를 활용하는 방법

프릳츠 커피의 인스타그램 콘텐츠 전략

'프릳츠 커피 컴퍼니(이하 프릳츠)'는 개성 있는 이름, 귀여운 물개 캐릭터와 레트로한 디자인 그리고 고품질의 원두를 사용하는 스페셜티 카페로 개성 넘치는 뚜렷한 브랜드 이미지를 구축한 카페 브랜드다. 브랜딩을 잘하기로 유명한 카페 프릳츠는 인스타그램을 고객과 소통하는 커뮤니케이션의 중요한 미디어로 활용하고 있는데 내가 흥미롭게 본 것은 두 가지 콘텐츠 전략이다.

첫 번째는 디지털과 오프라인 공간의 경험을 연결하는 콘텐츠다. 프릳츠는 매월 〈프릳츠 뮤직 202*년 *월호, 지금 매장에서 흘러나오는 노래들〉이라는 타이틀로 매장에서 들려주는 음악들을 스포티파이 플레이리스트를 통해 소개한다. 그리고 플레이리스트의 배경을 마치 앨범의 커버를 보는 듯한 이미지로 제작하여, 매월 정기적으로 프릳츠 카페에서 선곡한 음악들을 소개한다. 그리고 아티스트와 노래 제목 소개는 물론 모두 인스타그램 프로필 링크(링크트리)에 연결된 스포티파이를 통해 지금 프릳츠 매장에서 흐르는 노래들을 고객이 언제 어디서든 직접 감상할 수 있게 한다. 또한 '월간 스포티파이 플레이리스트'를 종이로도 제작 및 비치하여 매장을 방문한 고객들이 한 장씩 가져갈 수 있도록 하고 있다.

프릳츠의 월간 플레이리스트 시리즈는 소셜 미디어 채널을 활용해 디지털과 오프라인 공간의 경험을 연결하는 신선한 아이디어

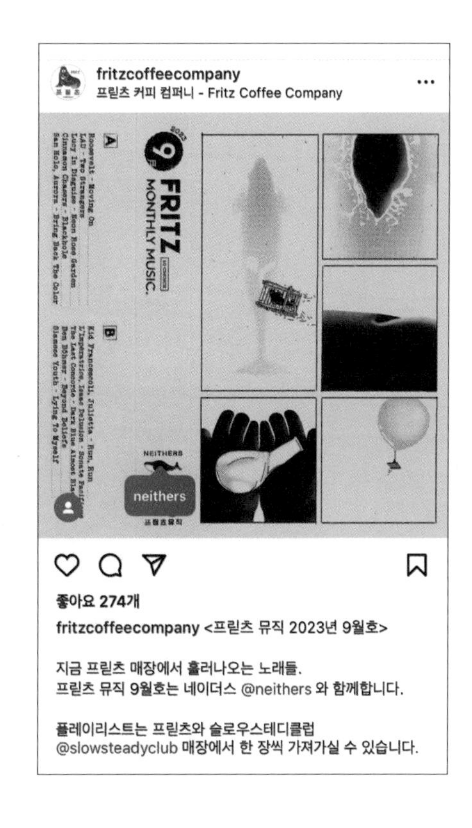

를 보여준다는 점에서 주목하게 된다. 오프라인 카페를 방문했을 때 경험할 수 있는 요소를 소셜 미디어를 통해 카페를 방문하지 않아도 체험해 볼 수 있는 기회를 만들고, 카페를 방문한 경험이 있는 고객에게는 오프라인의 경험을 디지털에서 이어갈 수 있게 연결해 주기 때문이다.

두 번째로 주목한 전략은 프릳츠가 일하는 방식을 보여주는 콘텐츠다. 프릳츠는 원두 블렌드의 이름인 '잘 되어 가시나'와 같은 타이틀로 프릳츠에서 일하는 사람들의 인터뷰 시리즈를 정기적으로 발행하고 있다. 제빵사, 디자이너, 바리스타, 브랜드 매니저 등 현재

프립츠의 다양한 부서에서 일하는 사람들이 어떻게 일하고 있는지, 어떤 생각을 하고 있는지, 무엇을 중요하게 생각하는지 등을 콘텐츠로 구성해 발행하는 것이다. 프립츠는 '프립츠에서 함께하는 사람들에게 안부 묻기, 잘 되어 가시나' 시리즈를 다음과 같이 소개한다.

> "우리는 어쩌면 가족들보다 더 자주 만나고 더 많은 이야기를 나눕니다. 함께하는 구성원이 그렇고, 여러 가지 방법으로 프립츠를 찾아 주시는 손님들이 그렇습니다. 그래서 시작했습니다."

프립츠의 김병기 대표는 '동기 부여가 잘된 사람들의 공동체로서 고객에게 맛 이상의 가치를 전달한다'가 프립츠의 중요한 브랜드 미션이라고 이야기한다. 프립츠의 직원 인터뷰 시리즈인 '잘 되어 가시나'는 프립츠를 찾는 모든 고객들을 대하는 브랜드의 구성원들의 태도와 생각을 고객들에게 친숙하게 소개하며 '고객에게 맛 이상의 가치를 전달한다'는 브랜드 미션을 소셜 미디어를 통해 고객들에게 꾸준히 소개하며 브랜드 호감도를 이끌어 낸다. 또한 내부 직원들에게는 인터뷰라는 콘텐츠를 통해 프립츠라는 공동체의 일원으로서 큰 자부심을 갖게 만든다는 점에서 내부 브랜딩의 관점에서도 의미 있는 전략이 된다.

3 마케터의 인생 광고 카피

결심하고 행동할 수 있는 계기를 만들어 준
인생 광고 카피

좋은 문장은 글을 읽는 다른 누군가에게 어떤 마음을 갖게 하거나, 어떤 행동을 하도록 만들거나 또는 새로운 결심을 하게 만드는 특별한 울림을 갖고 있다고 생각한다. 마케터로서 기획에 필요한 자료를 찾기 위해 검색을 하거나 우연한 기회를 통해 알게 된 수많은 브랜드의 광고 중에서 특히 기억에 남는 광고들이 있다. 바로 좋은 문장, 마음에 큰 울림을 주는 카피를 가진 광고다.

좋은 카피를 담은 광고들은 단 몇 줄의 짧은 문장으로도 한 권의 소설이나 에세이를 읽은 것보다 더 큰 감동을 준다. 나아가 스스로 인생을 되돌아보고 새로운 각오나 다짐을 하게 만들기도 한다. 특정 브랜드에 대한 관심을 넘어 나에게 일상에서 힘이 되어주고 행동할 수 있는 새로운 계기를 만들어 주었던 일본 광고 카피 10편을 모아 소개한다.

1) 좋아하는 일을 하지 않는 인생은 재미가 없습니다.
— 혼다(HONDA)

'잘하는 일'과 '좋아하는 일', 이 두 가지 일이 얼마나 일치하는가? 그리고 만약 둘 중에 선택해야 한다면 어떤 일을 더 중요하게 생각해야 하는가? 이 두 가지 질문은 나이를 불문하고 일하는 모든 사람들에게 중요한 화두다. 스티브 잡스는 생전 '위대한 일을 하는 유일한 방법은 자신이 하는 일을 사랑하는 것'이고 '내가 계속할 수 있었던 유일한 이유는 내가 하는 일을 사랑했기 때문이라고 확신한다'고 말했다.

모빌리티 기업 혼다(HONDA)도 오래전 광고에서 스티브 잡스와 같은 말을 했다. 좋아하는 일을 하지 않으면 인생은 지루해지고, 그러니 호기심을 갖고 재미있게 일해야 한다는 것이다. 혼다는 강한 호기심과 좋아하는 일에 대한 열정이 있었기에 지금까지 획기적인 발명품들을 만들 수 있었다고 말한다.

좋아하는 것만 해서는
밥을 먹을 수 없다.

하지만 좋아하는 일을 하지 않으면

인생은 무미건조하다.

일도, 연구도, 레이스도.

재미있으니까 한다.

HONDA

The Power of Dreams.

(혼다, 꿈의 힘)

2) 사랑을 합시다. 세상을 즐겨 봅시다.
— 빔스(BEAMS)

일본의 패션 브랜드 빔스(BEAMS)가 지난 2011년 브랜드 론칭 35주년을 기념해 진행한 '사랑을 합시다(恋をしましょう)'라는 타이틀의 캠페인은 사람과 옷의 만남으로 얻게 되는 기쁨과 설렘을 '사랑'이라는 주제로 표현했다. 이 캠페인에는 빔스의 점원이나 가게의 단골손님, 단골손님의 지인 등 8쌍의 실제 커플이 모델로 출연했다. 그리고 사람과 사람이 만나는 것을 서로 다른 옷의 패턴(무늬)이 합쳐진 하트로 표현했다. 사람과 사람이 만나 사랑을 하게 되는 것이 인생에서 얼마나 소중한 경험과 변화를 만들어 내는지, 따뜻한 문장으로 풀어낸 빔스의 광고 카피는 오랜 시간이 지나도 브랜드가 가진 따뜻한 영향력을 느끼게 한다.

사랑을 합시다(恋をしましょう).

여러분, 사랑을 합시다
누군가를 좋아하자구요.

그리고 자신을 좋아합시다.

여러분, 사랑을 합시다.
그건 세상을 새롭게 할 테니까요.

몰랐던 노래를 좋아하게 되기도 하니까

밥맛이 좋아지기도 하니까

심호흡의 의미를 바꾸기도 하고

거짓의 슬픔을 가르쳐 주기도 하니까요.

설령 사랑이 끝나도 분명 무언가를

남겨주니까요.

자, 나이를 초월합시다.

성별을 초월합시다.

국적을 초월합시다.

경험을 초월합시다.

여러분, 사랑을 합시다.

지구는 사랑이 구원해 주니까요.

사랑을 합시다.

BEAMS

3) 어제까지의 자신을 넘자.
— 혼다(HONDA)

자신의 성공담을 이야기하는 어떤 사람들은 비록 지금이 힘들고 어렵더라도 묵묵히 최선을 다한다면 언젠가는 꼭 성공할 거라며 참고 견디라고 말한다. 하지만 그런 말들은 더 이상 위로나 격려로 느껴지지 않을 때가 더 많다. 지난 2012년 제작된 혼다의 광고 '지지 않는다(負けるもんか)'는 열심히 노력했는데 보상받지 못할 때도 많고, 꿈이 이루어지지 않을 수도 있다고 돌직구를 날린다. 참고 견뎌도 보상받지 못 하는 경우가 많고 실수도 많이 하게 되는 것이 현실이라면서 직설적으로 이야기를 한다. 그러니 진정으로 무언가 몰입해 성취하고 싶은 일이 있다면 용기를 내서 시도하고, 자신의 한계

がんばっていれば、いつか報われる。持ち続ければ、夢はかなう。そんなのは幻想だ。たいてい、努力は報われない。たいてい、正義は勝てやしない。たいてい、夢はかなわない。そんなこと、現実の世の中ではよくあることだ。けれど、それがどうした? スタートはそこからだ。技術開発は失敗が99%。新しいことをやれば、必ずしくじる。腹が立つ。だから、寝る時間、食う時間を惜しんで、何度でもやる。さあ、きのうまでの自分を超えろ。きのうまでのHondaを超えろ。

負けるもんか。

HONDA
The Power of Dreams

를 뛰어넘는다는 각오로 해낼 것이라고.

광고가 제작되던 당시 혼다는 자동차와 모터사이클 등 역대 개발했던 제품들을 모두 광고에 등장시키며 일본을 대표하는 기업으로서 스스로 한계를 뛰어넘겠다는 기업가 정신을 보여주었다. 혼다의 광고 속 나레이션(카피)은 기업 혼다가 스스로에게 외치는 다짐이다. 그리고 그 다짐은 광고를 보는 사람들이 자신에게 외치는 다짐으로 이어지도록 만든다. 혼다는 말한다. “아무것도 하지 않으면 실패하지 않는다. 하지만 무언가를 만들어 내는 일도 없다. 그러니까 용기 내서 시도하는 사람이 되자.”라고.

노력하면 언젠가는 보상받는다.

참고 견디면 꿈은 이루어진다.

그런 것은 환상이다.

대체로 노력은 보상받지 못하고

대체로 정의는 이기지 않는다.

대체로 꿈은 이루어지지 않는다.

그런 일들, 현실의 세상에선 흔히 있는 일이다.

그렇지만 그게 뭐 어때서?

시작은 거기서부터다.

새로운 시도에는 반드시 실패가 따라온다.

화가 난다.

그래서 자는 시간, 먹는 시간을 아껴서

몇 번이고 다시 한다.

자, 어제까지의 자신을 넘자.

어제까지의 혼다를 넘자.

"질 수 없다."

HONDA

4) 못 하는 건 다 같이 하자.

— 마루베니(Marubeni)

회사에서 모든 일을 혼자서 다 하는 사람은 없다. 다른 사람들과 같은 방향을 향해 눈을 마주치고 머리를 맞대며 함께 업무를 수행하고 성과를 만들어 낸다. 그래서 내 옆에 믿을 수 있는 동료가 있다는 건 그 무엇보다 힘이 되고 더 큰 도전을 하게 만드는 원동력이 된다.

일본의 종합상사 마루베니(Marubeni)가 인기 만화 〈원피스(ONE PIECE)〉와 손을 잡고 만든 콜라보 기업 광고는 '동료들과 함께하는 도전'을 특별한 카피로 풀어냈다. 〈원피스〉의 세계를 배경으

로 만화에 등장하는 인기 캐릭터들이 '마루베니호'라는 가상의 배를 향해 '못 하는 건 다 같이 하자'라는 슬로건을 외친다.

혼자서 할 수 있는 일은 많지 않다. 마루베니의 광고는 어려운 사람이 있으면 돕고, 아무도 하지 않는 일을 하고, 그런 같은 마음을 갖고 있는 동료가 있다면 어려운 일도 해낼 수 있다는 '팀워크의 힘'을 떠올리게 한다.

네가 할 수 없는 일은 내가 할게!
내가 할 수 없는 일은 네가 해!
만화 〈원피스〉에 등장한 대사입니다.

이 말에 앞으로의 세상을 더 좋게 만들어 가기 위한
힌트가 있다고 생각했습니다.
그것은, 개개인이 할 수 있는 일은 작아도
각각의 프로가 할 수 있는 일을 가지고 오면
대부분의 문제는 해결할 수 있다는 것.

마루베니가 지향하는 미래도 마찬가지입니다.
마루베니가 할 수 있는 일은 작아도
전 세계의 사람, 기업, 조직과 동료가 되면,
어떤 과제라도 반드시 해결할 수 있을 것이라고.

어려운 사람이 있으면 돕고,
아무도 하지 않는 일을 하고,

망설여진다면 재미있는 쪽으로.

마루베니의 도전과 모험은 계속될 것입니다.

"못 하는 건 다 같이 하자."

5) 결승점은 하나가 아니다. 사람의 수만큼 있다.
— 리쿠르트 재팬

살다 보면 때때로 다른 사람들이 사는 방식을 부러워하게 되고, 그런 사람들과 나를 비교하며 지금 내 인생이 뭔가 잘못되고 있는 것은 아닌가 하고 절망하게 되기도 한다. 지난 2014년 제작된 '모든 인생은 훌륭하다(すべての人生が、すばらしい)'라는 타이틀의 리크루트 광고는 그런 절망감에 빠진 사람들에게 단호한 일침을 가하며 힘을 준다.

광고는 사회의 많은 사람들이 성공이라고 생각하는 삶의 방식을 마치 동일한 결승점을 향해 기록과 순위를 다투며 달려가는 마라톤에 비유하며 인생은 그렇게 누군가가 정한 단 하나의 코스, 단 하나의 결승점을 목표로 하는 것이 아니라고 말한다. 인생에는 저마다 가치 있고 의미 있다고 생각하는 수많은 길, 수많은 결승점이 있고 각자의 길과 각자의 결승점을 향해 최선을 다해 달려간다면 모두의 인생은 훌륭한 것이라고 강조한다. 다른 사람들의 인생과 나의 인생을 비교하지 말자. 인생에 정답은 없는 것이다. 각자가 생각하는 옳

다고, 의미 있다고 생각하는 길을 향해 당당하게 가자.

오늘도 계속해서 달린다.

누구라도 달리기 선수다.

시계는 멈출 수 없다.

시간은 한 방향으로밖에 흐르지 않는다.

되돌아올 수 없는 마라톤 코스.

라이벌과 경쟁해 가며

시간의 흐름이라는 하나의 길을

우리들은 계속 달린다.

보다 빠르게, 한 걸음이라도 더 앞으로
저 앞에는 반드시 미래가 있을 거라 믿으며
반드시 결승점이 있을 거라 믿으며

인생은 마라톤이다.

하지만, 정말 그럴까.
인생이란 그런 것일까.
아니다. 인생은 마라톤이 아니야.

누가 정한 코스야.
누가 정한 결승점이야.
어디로 달리든 좋아.
어디를 향해도 좋아.

자기만의 길이 있어.
자기만의 길?
그런 건 있는 걸까?
그건 몰라.

우리들이 아직 만나보지 못한 세상은
터무니없이 넓어.

그래, 발을 내딛는 거야.

고민하고 고민해서

끝까지 달려 나가는 거야.

실패해도 좋아.

돌아가도 좋아.

누구랑 비교하지 않아도 돼.

길은 하나가 아니야.

결승점은 하나가 아니야.

그건, 사람의 수만큼 있는 거야.

모든 인생은 훌륭하다.

6) 디지털 시대에 여전히 펜이 필요한 이유 — 파이롯트(PILOT) 펜

이모티콘, 모바일, SNS, 채팅과 같은 용어가 일상이 되어버린 디지털 시대에도 '디지털'의 영역에서는 결코 경험하지 못할 '아날로그'에서만 느낄 수 있는 특별한 정서적 경험은 늘 우리 곁에 존재한다. 일본 파이롯트(PILOT) 펜은 이런 '아날로그적 감성'을 일상 곳곳의 소재와 연결시키는 감각적인 카피로, 종이에 손으로 직접 쓴 글씨로 마음을 주고받는 진심과 따스함을 이야기한다. 그리고 디지털 시대에도 여전히 손으로 쓰는 일이 필요하다고 말한다. 말로 이야기하든 글로 써서 전하든 하고 싶은 말, 전하고 싶은 감정, 표현하고 싶은 생각이 있다면 주저하지 말고 전해 보자.

말로 표현할 수 없는 것들을
당신은 얼마나 가슴에 품고 있나요?

좋아한다고 말할 수 없고
싫어한다고 말할 수 없고
미안하다고 말할 수 없고
고맙다고 말할 수 없습니다.

솔직하게 말할 수가 없습니다.
솔직해지지 못합니다.

아이라도, 고등학생이라도, 물론 어른이라도.
생각하고 있는 것을 모두 말로 표현할 수 있는 사람은
없다고 생각합니다.

어떻게 여길까, 불안해지기도 하고
상처 입는 것이 무서워서,
생각을 입 밖으로 꺼내지도 못하고.
펜은 그런 사람들의 편이면 좋겠다고 생각합니다.

말하지 못했던 것들을 글로 써 보지 않겠습니까?

글로 다 전하지 못한다 하더라도

분명 마음은 편해질 겁니다.

PILOT

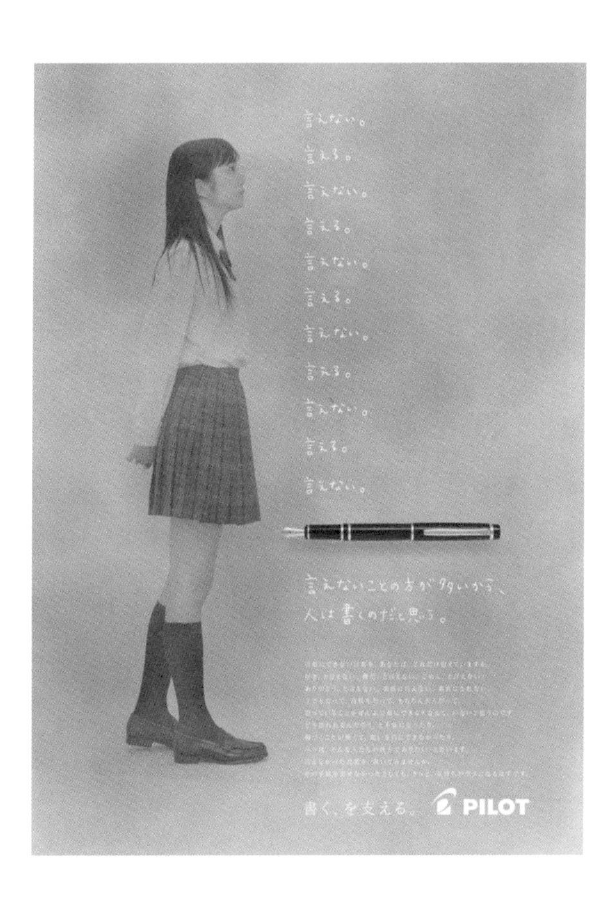

7) 1초에 기뻐하고 1초에 운다.
— 세이코(Seiko) 시계

하루, 24시간, 1440분, 86400초. 이상하게도 하루라는 '일(日)'의 개념은 시간에서 분으로 분에서 초로 쪼갤수록 그 개념이 더 명확해지고 그래서 가볍게 여겨서는 안 된다는 생각이 든다. 지난 1985년 제작된 세이코(Seiko)의 광고 '1초의 말(一秒の言葉)'은 시간의 가장 작은 단위인 '1초'라는 시간에 할 수 있는 말을 통해 경험하게 되는 인간의 다양한 감정들을 한 편의 시처럼 소개한다. 그리고 여기서 느껴지는 따뜻하고 감성적인 카피로 시간을 알려주는 시계의 속성을 탁월하게 담아낸다.

세이코의 광고에서 오랜 시간 기억되는 카피는 마지막 두 문장이다. "1초에 기뻐하고 1초에 운다. 일생에 걸쳐 열심히, 매 순간." 세이코는 초 단위까지도 정확한 세이코 시계의 속성을 사람의 감정에 변화를 만들어 내는 단 1초의 순간에 빗대어 표현했다. 광고는 세이코가 정확하게 시간을 맞추는 좋은 시계를 만드는 브랜드를 넘어서 시간의 소중함을 누구보다 잘 알고 있는, 시간에 대한 남다른 철학을 갖고 있는 브랜드라는 점을 따뜻하면서도 아름답게 전한다. 지금의 1초는 다시 돌아올 수 없는 내 인생의 유일한 1초라고 생각한다면 1분, 60분 그리고 24번의 60분을 보내게 되는 하루의 인생을 더 소중하게 대하게 될 것이다.

처음 뵙겠습니다.

이 1초의 짧은 말에서 일생의 순간을 느낄 때가 있다.

고마워요.

이 1초의 짧은 말에서 사람의 따뜻함을 알 때가 있다.

힘내세요.

이 1초의 짧은 말에서 용기가 되살아날 때가 있다.

축하해요.

이 1초의 짧은 말에서 행복이 넘치는 때가 있다.

용서하세요.

이 1초의 짧은 말에서 인간의 약한 모습을 볼 때가 있다.

안녕.

이 1초의 짧은 말에서 일생 동안의 이별이 될 때가 있다.

1초에 기뻐하고 1초에 운다.

일생에 걸쳐 열심히, 매 순간.

Seiko

8) 모험이 부족하면 좋은 어른이 될 수 없어.
— JR 청춘18 티켓 광고

청춘18 티켓(青春18きっぷ)은 일본 JR(동일본 철도)그룹이 발행하는 철도 승차권으로, 모든 JR그룹의 보통열차 자유석을 정해진 기간 동안 횟수 제한 없이 이용할 수 있는 자유여행 교통 패스다. 청춘18 티켓이라는 이름에서 특정 연령대의 사람만 이용할 수 있는 패스라는 생각이 들 수도 있지만, 이 티켓은 사실 연령 제한이 없는 기차표다. JR그룹이 '청춘18 티켓'이라는 이름을 붙인 것에는 나이와 상관없이 누구든지 18살, 청춘의 마음으로 여행을 떠나라는 의미가 담겨 있다.

청춘18 티켓의 광고는 '기차를 타고 천천히 가는 여행'을 통해서만 보고 느끼고 체험할 수 있는 여행의 매력을 멋진 배경 사진과 짧지만 큰 여운을 주는 감성적인 카피로 이야기한다. 일본에서 20년이 넘는 기간 동안 만들어진 청춘18 티켓의 광고는 일본의 국민 광고로 평가받을 정도로 큰 인기를 얻었고 국내에서도 좋은 카피에 대한 레퍼런스를 찾는 사람들에게 큰 울림을 주고 있다. 오랜 시간이 지났지만 지금도 여행의 경험을 탁월한 시선으로 전하며 '지금 떠나라고 말하는' 청춘18 티켓의 광고 카피를 모아 소개한다.

모험이 부족하면 좋은 어른이 될 수 없어.

자신의 방 안에서 인생을 생각할 수 있을까?

우리가 내린 종착역은

누군가의 첫 출발역이다.

만남.

밖으로 나가지 않으면 결코 만날 수 없는 것이 있다.

시작.

이 여행이 끝이 나면 다음의 내가 시작된다.

처음 혼자 갔던 여행을,

사람은 평생 잊지 않는다.

천천히 가기 때문에 볼 수 있는 것.

천천히 가기 때문에 만날 수 있는 것.

천천히 가기 때문에 들리는 것.

가끔은 딴 길로만 가 본다.

무심코 내려버린 경험을 한 적이 있나요?

멈추기도 하고 뒤돌아보기도 한다.

그래서 만난 경치가 있다.

여행의 인상(impression)은

시간(time)과 만난 사람에 비례한다.

처음에 나이 제한은 없습니다.

모험에 나이 제한은 없습니다.

만남에 나이 제한은 없습니다.

빨리 도착하는 것보다
소중한 것이 있는 사람에게.

어른에게는 좋은 휴가 보내기라는
숙제가 있습니다.

창문에 비친 자신을 보았다.
평소보다 좋은 얼굴이었다.

9) 주인공의 자리는 주어지는 것이 아니라 잡는 것 — 출판사 고단샤

때로는 다른 사람들의 인생은 드라마 속 주인공처럼, 나의 인생은 드라마에서 눈에 잘 띄지 않는 조연처럼 느껴질 때도 있다. 매일 내가 내 인생의 주인공으로 살고 있는지 생각해 본다. 그럴 때마다 찾아보게 되는 광고가 있다. 일본 최대 만화 출판사 고단샤의 오래된 광고다.

지난 2008년 고단샤는 창간 50주년을 기념하는 광고에서 인기 만화 주인공들을 모두 함께 등장하는 신문 광고를 게재했다. 고단샤는 광고에서 말한다. 만화 속 주인공들이 처음부터 주인공이었던 것은 아니었고, 계속 패배하면서도 포기하지 않고 실패를 딛고 몇 번이나 다시 일어서는 노력이 있었기에 주인공이 될 수 있었다고 말이다. 그리고 '주인공의 자리는 주어지는 것이 아니라 잡는 것'이라고. 고단샤가 말하는 주인공이란 '인생을 주도적으로 사는 사람'이라고 말한다. 당당하고 소신 있게 내가 원하는 길을 가면서 때로는 적지 않는 실패를 경험하더라도 포기하지 않고 해내는 사람 말이다.

주인공으로 살아라.
오늘 당신은 주인공입니까?

누군가의 조연으로 만족한 채
그냥 하루하루를 보내고 있지 않나요?

주인공의 자리는 주어지는 것이 아니라 잡는 것.
만화책을 펼쳐 보세요.

페이지를 가득 메운
셀 수 없을 정도의 주인공들.
그들 중 누구도 포기하지 않았습니다.

그들은 계속 패배하면서도
앞을 향해 몇 번이나 일어섰습니다.
그래서 '주인공'이라고 불리는 존재가 될 수 있었던 거죠.

자, 2008년 당신을 위한 366일.
주인공은 바로 당신입니다.

講談社
主人公で、
生きろ。
今日、あなたは主人公ですか。
誰かの脇役に甘んじたまま、ただ毎日を送っていませんか。
主人公の座は、与えられるものじゃなく、つかみ取るもの。
マガジンを開いてみてください。
創刊50年、ページせましと飛び回った、数えきれないほどの主人公たち。
彼らは誰一人として、あきらめることをしなかった。
カッコ悪くたって、負け続けたって、彼らは前を向いて何度も立ち上がった。
だから、「主人公」と呼ばれる存在になれたのです。
さあ、2008年、あなたのための366日。
主人公は、あなたです。
創刊50周年へ向けて
少年マガジン
WEEKLY

10) 세상은 누군가의 일로 만들어지고 있다.
— 조지아 커피

어떤 직종에서 일을 하든 회사의 다른 동료나 다른 회사 사람들과 내가 하는 일을 비교하게 되는 경우가 있다. 어떤 사람들은 내가 하는 일보다 더 멋있고 화려해 보이고, 더 많은 연봉을 벌고 있는 것 같다. 그런 식으로 다른 누군가의 일과 내가 하고 있는 일을 비교하며 의기소침해지는 경험이 누구에게나 한번쯤 있을 것이다.

2014년부터 일본 조지아 커피가 전개하고 있는 '세상은 누군가의 일로 만들어지고 있다(世界は誰かの仕事でできている)' 캠페인은 저마다 각자 자신의 분야에서 최선을 다하며 일하는 모든 직장인들을 매회 재미있는 스토리로 조명한다. 그리고 자신보다 더 화려해 보이거나 멋있어 보이는 상대방을 질투하지만 결국 자기 자신이 가장 잘할 수 있는 일이 바로 지금의 일이라고 말한다. 각자의 분야에서 최선을 다하고 있는 직장인들의 '일'이야말로 한 시대와 세상을 만들어가는 소중하고 의미 있는 것이기에 직장인으로서 더 큰 자부심과 용기를 가지라는 것이다.

기억하자. 세상은 내가 그리고 당신이 지금 하는 일로 만들어지고 있다.

1)

선배,

우리는 왜 이렇게 열심히 하는 걸까요?

힘내라는 말도 이미 오래된 표현인 건가.

그렇지 않아!

힘내야지. 일어서려면!

자신의 성장 때문이든

뭐라 해도 이 일을 좋아하고

기뻐해 주는 사람이 있으니까.

모두 힘내고 있구나~

아무리 시대가 바뀌어도

좋은 동료가 있고

맛있는 커피가 있다면.

힘낼 수 있어!

그래서 나는 잘할 수 있어!

세상은 누군가의 일로 만들어지고 있다.

GEORGIA

2)

내겐 라이벌이 있다.

져서는 안 되는 라이벌이.

거슬리는 녀석

끈질긴 녀석

추월해 버리겠어.

그런데 잠깐.

나 혹시 저 녀석 때문에

힘내고 있는 건 아닐까?

저 녀석 것도 하나 사줄까?

일본의 겨울을 따뜻하게 만든다.

HOT GEORGIA

'세상은 누군가의 일로 만들어지고 있다.'

탐색의 감각을 키우는 생활법

관점이 달라지면
경험도 달라진다

'관점(觀點)'이라는 단어는 사전적인 의미로 '사물이나 현상을 바라보고 생각하는 태도나 방향'을 뜻한다. 그래서 영문 표현 역시 'point of view'로 '어떤 것을 관찰하는 시점'을 의미한다

"책상 위에 가볍게 턱을 괴어 보는 것만으로도
세계가 다르게 보인다.
사물을 보고 느끼는 방법은 무수히 많다."

무인양품의 아트 디렉터이자 일본의 대표 디자이너인 하라 켄야는 사물을 어떤 시선이나 구도로 바라보느냐에 따라서 매번 다르게 느끼게 된다는 점을 이렇게 표현했다. 같은 공간에 있더라도 사람에 따라 공간을 바라보는 시선은 모두 다를 것이다. 그리고 그 시선에 따라 공간을 기억하고 느끼는 경험도 달라진다. 공간을 보는 방향, 구도, 떠올리는 이미지 등 각자의 관점이 다르기에 같은 공간에 있어도 저마다 다른 경험을 하게 되는 것이다.

이러한 관점의 차이는 같은 행위를 하더라도 다른 경험을 만들어 내고 경험이 달라지면 경험에 대한 기억이나 해석도 달라지게 된다. 그래서 평소 다양한 관점으로 경험해 보는 태도나 방식이 마케터나 기획자에게는 필요하다. 새로운 시각에서 인사이트를 발견하고 배워가는 즐겁고 가치 있는 훈련은 퇴근 후나 주말, 지금 이 순간 그리고 여기 일상에서 얼마든지 시작할 수 있다.

좋은 경험이 자산이 되는 시대다. 마케터로서 지금까지의 경험을 통해 일상에서 탐색의 감각을 키워가며 새로운 경험을 쌓아갈 수 있는 6가지 관점을 소개한다.

1 의식적으로 관찰한다
우연의 순간에 관찰한다

'의식적으로 관찰하기'는 특정한 목적을 갖고 공간이나 장소, 사물들을 탐방하면서 관찰해 보는 것이다. 주목받는 트렌드를 경험할 수 있는 특별한 가게나 공간, 팝업 스토어나 인스타그램에서 뜨고 있는 카페나 맛집 등 새로운 발견의 장소들을 목록으로 정해두고 방문하면서 어떤 요소가 많은 사람들이 찾도록 만드는지 경험해 보면서 탐색해 보자. 다양한 전시, 팝업, 문화 소식을 알려주는 뉴스레터나 소셜 미디어 채널을 구독하면서 가볼 만한 곳을 틈틈이 정리하고 발견의 장소들을 찾아 두는 것도 좋은 방법이다.

'우연의 순간에 관찰하기'는 예상하지 못한 순간의 경험 속에서 영감을 주는 것들을 관찰해 보는 것이다. 미리 계획을 하고 특별한 장소를 의도적으로 찾아가 보는 경험들을 통해서만 새로운 발견을 할 수 있는 것은 아니다. 출퇴근길에 늘 지나치는 부동산 가게의 창문에 붙여진 손 글씨나 카페의 포스터에서도 좋은 영감을 받을 수 있다.

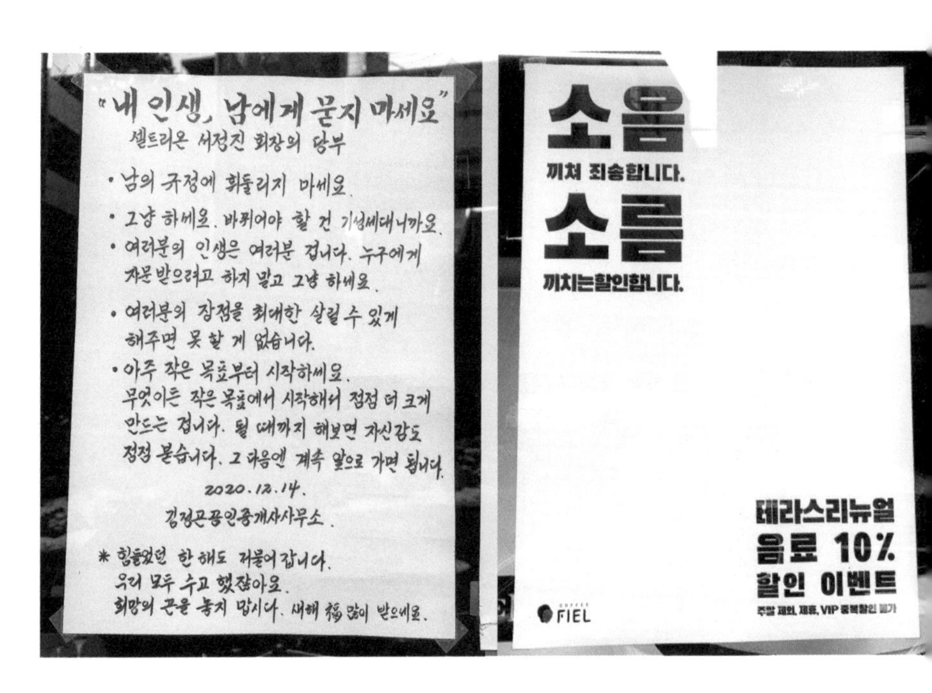

2 하던 것을 다르게 해 본다
평소에 안 해 본 것을 해 본다

'하던 것을 다르게 해 보기'는 일상에서 반복하고 있는 일들을 다른 방식으로 시도해 보는 것이다. 늘 하던 방식에서 의도적으로 조금 벗어나 본다. 평소에 가보지 않았던 길로 다녀보거나 늘 만나는 사람이 아니라 새로운 사람들을 만나보거나 또는 다른 장르의 음악을 한번 들어보는 것이다. 평소 읽지 않았던 분야의 책들을 읽어보거나 같은 음식이라도 다른 브랜드의 제품을 먹어보는 것처럼 늘 하던 일이라도 다른 방식으로 해 보는 경험의 과정 속에서 몰랐던 것을 알게 되고 발견하게 된다.

이러한 시도의 연장선에서 사물이나 장소, 특정한 경험을 다른 방식으로 정의해 보는 것도 새로운 발견을 할 수 있는 감각을 키우는 데 도움이 된다. 여행지의 숙박, 숙소, 호텔이라고 하면 익숙하고 식상한 일처럼 느껴지지만 '여행자의 방'이라고 하면 전혀 다른 의미로 다가온다. 단순히 잠을 자는 곳이 아니라 '살면서 머무는 곳'이 되기 때문이다. 퇴근 후 마시는 평범한 맥주도 새롭게 정의해 볼 수 있다. 단순히 마시는 행위가 아닌 '열심히 일한 하루의 포상'이라고 정의한다면 맥주를 마시는 행위는 누군가를 위로하고 격려하는 의미 있는 경험으로 인식될 수 있다.

'평소에 안 해 본 것을 해 보기'는 한 번도 해 보지 않았던 것을 해 보는 것이다. 한 번도 먹어보지 않았던 종류의 음식을 먹어보거나 가보지 않았던 곳을 가 보는 등 지금까지 평소에 해 보지 않았던 것이 무엇인지 찾아보고, 과감하게 시도하여 경험의 폭을 확장해 본다.

3 모든 첫 번째 경험은 중요하다 첫 경험에 갇히지 않는다

그동안 해 보지 않은 모든 첫 번째 경험은 의미가 있다. 무엇이든 '첫 경험을 두려워하지 말고 시도해 보는 것'은 새로운 발견을 위한 중요한 계기가 된다. 한편 '첫 경험에 갇히지 않는 것'도 중요하다. 많은 사람들이 첫 경험에 대한 강렬한 기억으로 두 번째 경험을 망설이는 경우가 많다.

음식을 예를 들어보자. 순댓국을 처음 먹어봤는데 맛이 없어서 이후로는 순댓국을 먹지 않는 경우가 있을 수 있다. 하지만 순댓국을 처음 먹어 본 그 가게가 아니라 다른 가게에서는 처음에 먹었던 순댓국과는 전혀 다른 맛을 경험하게 될 수도 있다. 순댓국을 전문적으로 파는 가게는 수없이 많다. 점포마다 다른 조리법을 사용하니

맛도 다를 수밖에 없는데 처음 먹어본 순댓국이 맛이 없어 순댓국이라는 음식에 대한 경험이 좋지 않으므로 다시는 순댓국을 먹지 않는다는 것은 맛있는 순댓국을 맛보는 기회를 버리는 것이다. 순댓국을 예로 들었지만 이와 비슷하게 첫 경험이 좋지 않아 두 번째 경험을 시도해 보지 않은 다양한 경우가 우리 주변에는 많을 것이다.

첫 경험에 대한 기억에 결코 자신을 가두지 말자. 처음의 시도가 좋지 않았더라도 다시 도전해 보자. '처음'이라는 단편적인 경험이 자신의 생각과 느낌을 지배하게 두면 새로운 발견, 새로운 경험과 마주할 기회도 사라진다. 인생에서 두 번째 경험, 여러 번의 경험이 필요한 이유다.

4 자신만의 취향을 찾는다
자신을 취향에 가두지 않는다

'자신만의 취향을 찾는 것'은 자신이 어떤 일에 특별한 관심과 열정을 갖고 있는지 알고, 좋아하기 때문에 집중할 수 있는 것을 갖게 되는 것이다. 취향은 자신의 관심 분야나 대상에 대한 지식과 경험을 쌓는 데 도움을 주고 자신만의 특별한 정체성을 갖게 만드는 데도 큰 도움이 된다.

반면 자신만의 확고한 취향을 갖는 것도 중요하지만 '자신을 취향에 가두지 않는 것'도 중요하다. 자신의 취향을 특정한 분야나 관심사로만 지나치게 제한하는 것은 오히려 시야를 좁게 만들고 다른 사람들의 취향에 대해 거부감을 갖게 만들 수 있다.

취향은 어떤 기회에 어떤 새로운 경험을 하는가에 따라 시간이 지나면서 얼마든지 변화할 수 있다. 자신의 취향이 아니라고 해서 시도해 보는 것을 꺼리는 것은 다양한 경험을 쌓는 기회를 버리는 것이다. 취향에 자신을 가두지 않고 언제든 시도해 보겠다는 열린 마인드는 새로운 경험을 해볼 수 있는 계기로 이어진다.

5 자신만의 방식으로 경험해 본다 다른 사람과 경험을 공유한다

'자신만의 방식으로 경험해 본다'는 것은 다른 사람들이 많이 하는 방식을 따르는 것이 아니라 온전히 내가 하고 싶은 방식으로 시도하고 체험해 보는 것이다. 많은 사람들이 보지 않는 영화나 드라마, 인기 차트에는 없는 음악, 구독자 수나 조회 수가 적은 유튜브 채널의 영상, 많이 알려지지 않은 장소나 가게라도 자신에게 특별한 호기심을 갖게 만드는 것이 조금이라도 있다면 망설이지 않고 경험해 보자. 그 과정이 새로운 영감을 갖게 하는 좋은 기회가 될 수 있다.

그리고 다른 사람들은 비슷한 경험들을 어떤 방식으로 했는지, 내가 했던 방식과는 어떻게 다른지 '각자의 경험을 함께 공유하는 과정'에서 몰랐던 새로운 경험의 방식을 알게 될 수도 있다.

6 매 순간의 경험에 집중한다 경험의 순간들을 잘 기록한다

해외여행을 하다 보면 유명한 장소나 공간을 찾았을 때 사진이나 영상을 촬영하는 것에 지나치게 몰두해서 여행의 흔적은 남아 있지만 여행지에서만 체험할 수 있는 특별하고 매력적인 경험들을 놓치게 되는 경우도 적지 않다. '매 순간의 경험에 집중한다'는 것은 사진이나 영상으로 남기는 것을 너무 의식하지 않고 순간순간마다 자신의 오감으로 다양하게 체험하고 느끼는 것에 오롯이 집중하는 것이다.

멀리 떠나는 여행지가 아니더라도 사진이나 영상으로 제대로 담지 못 하는, 온전히 눈으로 보고 마음으로 느끼면서 발견의 가치를 비로소 알 수 있게 되는 경험들은 주변 곳곳에 있다. 사진이나 영상처럼 보이는 기록으로 남기는 것이 아니라 오감으로 온전히 느끼며 체험해 보는, 보이지 않는 마음의 기록으로 남기는 것도 중요하다.

반대로 새로운 경험을 하게 되는 순간마다 '경험에 대한 생각과 느낌들을 상세하게 잘 기록하고 정리해 두는 것'도 필요하다. 탐색의 과정 속에서 내가 무엇을 경험했고 어떻게 생각하고 느꼈는지 적용해 볼 포인트는 어떤 것이 있을지 구체적으로 기록을 하는 것이다. 그리고 그 기록을 간단한 메모로 끝내는 것이 아니라 다른 사람들과 탐색의 경험을 공유하는 것을 전제로 제삼자를 의식하면서 보다 구체적으로 정리해 보는 것이 좋다.

다른 사람들에게 나의 기록을 보여준다는 것은 나의 경험과 생각을 보다 체계적으로 정리하게 만들고, 다른 사람들이 나의 기록에 대해 어떻게 반응하고 생각하는지를 살펴보는 과정에서 탐색의 감각을 키울 수 있다. 그렇게 자신만의 방식으로 기록한 탐색의 경험들이 나의 관점을 드러낼 수 있는 의미 있는 콘텐츠가 될 수 있으며, 나아가 나의 특별한 관점을 담은 콘텐츠를 지속적으로 만들어 가는 과정을 통해 다른 사람들과 자신을 구분 짓는 확고한 개성이나 전문성을 만들어 갈 수 있다.

이미지 출처

1장 마케터의 브랜드 탐색법

p. 19, 21 www.wk.com
p. 24 www.youtube.com/nike
p. 27 www.nike.com/jp
p. 31-32, 35, 37, 39 twitter.com/pocarisweat_jp
p. 44 www.adsoftheworld.com
p. 46 oohtoday.com
p. 48 www.fcb.com
p. 50 www.oneclub.org
p. 52 www.alekmadej.com
p. 54 clios.com
p. 59 www.thedrum.com
p. 63 clios.com
p. 65 sites.wpp.com
p. 67 rethinkideas.com
p. 69 www.unblock.coffee
p. 74 designmanifestos.org
p. 77 bhatnaturally.com
p. 79 www.adweek.com
p. 80-81 www.youtube.com/Apple
p. 85 www.apple.com
p. 89 www.effie.org
p. 91 www.youtube.com/nytimes
p. 93 www.nytimes.com
p. 95 www.lukechard.co
p. 96 www.facebook.com/nytimes
p. 101 www.youtube.com/VolvoCars
p. 103 www.facebook.com/volvocars
p. 105 www.hampuselfstrom.com
p. 107 adsspot.me
p. 109 www.volvocars.com
p. 115-116 www.akqa.com
p. 118 www.youtube.com/NetflixKorea
p. 120 www.youtube.com/NetflixJP
p. 122 twitter.com/NetflixJP
p. 123 www.youtube.com/NetflixJP

p. 125 twitter.com/netflix
p. 131 rethinkideas.com
p. 133 clios.com/awards
p. 135 www.cresta-awards.com
p. 137 www.housebeautiful.com
p. 139 rethinkideas.com

2장 마케터의 전략 탐색법

p. 146 (위) www.youtube.com/Apple
(아래) www.youtube.com/AppleKorea
p. 147 www.apple.com/kr
p. 149 (위) www.apple.com
(아래) www.apple.com/kr
p. 151 www.dazeddigital.com
p. 155-156 www.creativereview.co.uk
p. 158 www.adsoftheworld.com
p. 160 www.ogilvy.com
p. 162 www.cnbc.com
p. 166 www.bbc.com
p. 168 twitter.com/budweiserusa
p. 172 musebycl.io
p. 177 twitter.com/ChesterCheetah
p. 179 www.youtube.com/cheetos
p. 181 www.oneclub.org
p. 183 www.bakeryandsnacks.com
p. 185 clios.com
p. 190 www.youtube.com/OgilvyGermany
p. 192 www.brandinginasia.com
p. 195-196 www.filippepacheco.com
p. 199 routenote.com
p. 201 www.designboom.com
p. 203 www.theverge.com
p. 206 sites.wpp.com
p. 209 www.contagious.com
p. 212 www.cocacola.co.jp
p. 214 twitter.com/suntory
p. 219, 221 www.youtube.com/otsukaseiyaku
p. 223 www.cresta-awards.com
p. 227 www.branding.news
p. 229 www.adsoftheworld.com
p. 232 musebycl.io

p. 234 www.suntory.co.jp
p. 236 www.youtube.com/SuntoryGroup
p. 240 clios.com
p. 243 www.youtube.com/inspiredbyiceland
p. 245 edition.cnn.com
p. 249 www.youtube.com/OnePeloton
p. 250 www.youtube.com/VancityReynolds
p. 254 www.ogilvy.com
p. 256 www.adsoftheworld.com
p. 258 campaignsoftheworld.com
p. 261 www.marketingdirecto.com

3장 마케터의 레퍼런스 탐색법

p. 284 www.youtube.com/NetflixKorea
p. 286 theglory2023.com
p. 287 www.youtube.com/NetflixKorea
p. 293 지그재그 앱스토어
p. 295 www.youtube.com/patagoniakorea
p. 305-306 www.instagram.com/fritzcoffeecompany
p. 310 minkara.carview.co.jp
p. 312 prtimes.jp
p. 314 mag.sendenkaigi.com
p. 316 twitter.com/Marubeni_Corp
p. 319 www.yo-hey.com
p. 323 www.pilot.co.jp
p. 327 japan-traveling.net
p. 331 kokoku-jiten.com
p. 332 www.youtube.com/coca-colajapan

마케터의 브랜드 탐색법

초판 1쇄 발행 2023년 10월 30일
초판 2쇄 발행 2024년 1월 22일

지은이 이상훈
펴낸이 김기옥

실용본부장 박재성
편집 실용 2팀 이나리, 장윤선
마케터 이지수
지원 고광현, 김형식

디자인 여만엽
인쇄·제본 민언 프린텍

펴낸곳 컴인
주소 서울시 마포구 양화로 11길 13 (서교동, 강원빌딩 5층)
전화 02-707-0337
팩스 02-707-0198
홈페이지 www.hansmedia.com

출판신고번호 제 2017-000003호
신고일자 2017년 1월 2일

책값은 뒤표지에 있습니다.
잘못 만들어진 책은 구입하신 서점에서 교환해 드립니다.

ISBN 979-11-89510-27-5 03320